Francis Kirps
EBER iM NEBEL

# FRANCIS KIRPS

wuchs wohlbehütet in der luxembur-
gischen Provinz auf. Er studierte Psycho-
logie in Straßburg und arbeitete u. a. als
Schulpsychologe und Grundschullehrer.

Erste Veröffentlichungen Ende der Neun-
zigerjahre in Zeitschriften und Antholo-
gien, 2000 und 2001 machte er jeweils
den zweiten Platz beim *Concours littéraire
national*. 2003 wandte er sich dem Poetry
Slam zu, absolvierte zahllose Slamauf-
tritte und ist Mitglied der »Lesebühne
Luxemburg« sowie bei »Ferkel im Wind«
(Bonn). 2005 gründete er zusammen mit
Christian Bartel und Anselm Neft die Lite-
raturzeitschrift EXOT, seit 2014 schreibt er
satirische Beiträge für die taz.

2012 erschien die Kurzprosasammlung
»Planet Luxemburg« (Verlag Andreas
Reiffer), 2016 ebendort der Punkrock-
roman »Die Klasse von 77«. Für sein
drittes Buch »Die Mutationen« (Hydre
Éditions: 2019) erhielt Francis Kirps den
*Prix Servais* und den *European Union
Prize for Literature*.

# Francis Kirps

# EBER IM NEBEL

## VON TIEREN UND ANDEREN VERWANDTEN

SATYR
VERLAG

Die Produktion dieses Buches erfolgte klimaneutral auf zertifiziertem Recyclingpapier und wurde gefördert mit Mitteln aus dem Corona-Hilfsprogramm NEUSTART KULTUR der Bundesbeauftragten für Kultur und Medien (BKM).

1. Auflage Mai 2021

© Satyr Verlag Volker Surmann, Berlin 2021
www.satyr-verlag.de

Cover: Karsten Lampe
Korrektorat: Jan Freunscht
Autorenfoto: Philippe Matsas
Druck und Bindung: CPI Books, Clausen & Bosse, Leck
Printed in Germany

Die Deutsche Nationalbibliothek verzeichnet diese Publikation in der Deutschen Nationalbibliografie; detaillierte bibliografische Daten sind im Internet abrufbar über: http://dnb.d-nb.de

Die Marke »Satyr Verlag« ist eingetragen auf den Verlagsgründer Peter Maassen.

ISBN: 978-3-947106-70-7

# INHALT

7 The Afterbite Diaries

11 Eber im Nebel

28 Die Beschwerde

35 Karl – Schicksalsjahre einer Galapagos-Schildkröte

59 Dinosaurier waren wenigstens nachhaltig

65 Piranhas der Lüfte

70 Gefangen auf Moleskin II

81 Der Florian

91 Kalbsgesicht

101 Die Goldbären-Saga

108 Frieden und Krieg – Ein Lied von Staub und Stärke

166 Der Impfschamane

169 Der Bock vom Felsen

# THE AFTERBITE DIARIES

In den letzten Sommerferien zog ich für ein paar Tage in mein altes Elternhaus in Walferdingen, um mich um die Katze zu kümmern und potenzielle Einbrecher durch meine bloße Anwesenheit abzuschrecken. Meine Eltern waren in Kopenhagen, und meine Schwester begleitete sie, damit sie nicht in den verwinkelten Gassen der dänischen Hauptstadt verloren gingen, ins Hafenbecken fielen oder sich in Christiania aus purem Herdentrieb einer Hippie-Kommune anschlossen.

*Tag eins*

Der erste Tag begann mit einer bösen Überraschung: Der Geschirrspüler war nicht ausgeräumt. Also würde ich ihn nicht benutzen können. Ich beschloss, das schmutzige Geschirr, das während meines Aufenthalts anfallen würde, einfach im elterlichen Schlafzimmer zu stapeln, als kleine Lektion. Dann schrieb ich meiner Schwester auf Facebook: »Der Geschirrspüler ist kaputt. Aber keine Sorge, ich habe eine Lösung gefunden. Und ja, der Katze geht es gut, und nein, ich rauche fast gar nicht.«

Von dem einsamen Spinnennetz, das ich im Flur entdeckt hatte, erzählte ich ihr aber lieber nichts, sonst würde sie sich nie mehr zurücktrauen, und wer sollte dann auf meine Eltern aufpassen, etwa ich?

Mit meiner Schwester kommunizierte ich in diesen Tagen

nur über Facebook. Das Telefon hatte ich ausgehängt, sonst rief sie alle fünf Minuten an, um nach der Katze zu fragen. Dabei gehörte die Katze nicht mal ihr, sie war zugelaufen. Genau genommen hatte meine Schwester sie so lange angelockt, bis die Katze tat, als gehöre ihr das Haus mitsamt den Bewohnern. Niemand schien sie zu vermissen, aber das wunderte mich nicht. Sie war ziemlich asozial, sogar für eine Katze. Ich wollte sie Würmli taufen, weil sie Würmer hatte, aber der Vorschlag war nicht gut angekommen, und so hieß sie jetzt einfach »Die Katze«. Ein Zentner Sheba und anderer parfümierter Fleischabfall stapelten sich in der Küche und sollten ihr in den nächsten Tagen als Nahrung dienen.

Ich setzte mich an meinen Laptop und zündete eine Zigarette an, um den kreativen Fluxus anzukurbeln. Kommenden Samstag war die letzte »Ferkel im Wind«-Lesebühne der Saison, einen politischen Text hatte ich schon, jetzt brauchte ich noch eine bodenständige Alltagsgeschichte für den einfachen Mann von der Straße.

Zwei Stunden später schreckte ein fieses Surren mich aus dem Halbschlaf, und mein rechtes Handgelenk begann, tierisch zu jucken. Mückenstich. Die Insektenplage auf dem Land, das hatte ich ganz vergessen, urbaner Bohemien, der ich war. Der mit Pflanzen überladene Garten war schuld und natürlich diese morastigen Gartenteiche überall. Man sollte das alles zubetonieren.

Da erinnerte ich mich an Afterbite: das neue Präparat, von amerikanischen Wissenschaftlern erdacht, das einzige Mittel, das tatsächlich gegen Insektenstiche half. Ganz im Gegensatz zu dieser lächerlichen Systral-Pampe, die wahrscheinlich aus gestampften Globuli zubereitet wird. Ich durchwühlte die Medikamentenschublade, und hier war es: Afterbite, »der bequeme Ammoniak-Stift, sehr langlebig«, wie es in der Werbung hieß. Er roch allerdings auch sehr intensiv. Nachdem ich den Stich am Handgelenk verarztet hatte, begann es, im Gesicht zu jucken, punktgenau auf dem rechten Wangenknochen. Also tat ich auch da Afterbite drauf.

Boah, der Geruch, betäubend, bezirzend, berauschend, eine brettharte Mischung aus Kerosin, Opium, Katzenpisse und Absinth. Die Dämpfe stiegen mir in die Nase und in die Augen, ich erblindete kurzzeitig, dann fiel ich in Ohnmacht.

Als ich wieder zu mir kam, hatte ich einen Plan. Er war mir im Traum von einer nackten Steinzeitfrau mit Katzenkopf und Hirschgeweih eingeflüstert worden: Ich musste der Katze helfen, wieder zu ihrer ursprünglichen Lebensweise zurückzukehren. Sie musste lernen, selber für ihr Essen zu sorgen. Dieses Sheba-Zeug war nicht artgerecht, voller Chemiedreck und führte dazu, dass die Katze ein Stubenhocker wurde, ihres natürlichen Jagdinstinkts beraubt. Außerdem stank es die ganze Küche voll und blockierte meinen Trampelpfad zum Kühlschrank.

Ich aber wusste einen neuen Verwendungszweck für den Sheba-Glibber: Ich würde es im Garten als Köder auslegen, für die diversen Beutetiere der Katze: Mäuse, Ratten, Frösche, Eichhörnchen, Vögel ...

Ich nahm noch eine Nase voll Afterbite, torkelte in den Garten und machte mich ans Werk. Eine Stunde später schnappte ich mir die beleidigt maunzende Katze und trug sie nach draußen.

Mein Plan ging auf. In der nächsten Zeit lagen ständig tote Nagetiere, Amphibien und Singvögel auf der Fußmatte. Die erbeuteten Tierchen bereitete ich für die Katze in der Fritteuse zu.

Einmal befand sich sogar eine Blindschleiche unter der Jagdstrecke, worauf die Katze besonders stolz zu sein schien. Die Blindschleiche wirkte ziemlich tot, aber nicht so ganz – bei Blindschleichen ist die Grenze zwischen Leben und Tod ja recht verschwommen –, und ich wilderte sie im Nachbargarten wieder aus und wünschte ihr viel Glück auf ihrem weiteren Lebensweg. Dann nahm ich eine Prise Afterbite und wankte zurück ins Haus. Die Sonne dröhnte viel zu laut in meinen Ohren.

»Der Katze geht es prächtig«, schrieb ich an diesem Abend auf Facebook, Zigarette im Mundwinkel, den Afterbite-Stick, mittlerweile mein ständiger Begleiter, griffbereit neben der Tastatur, »sie frisst mit gutem Appetit und spielt viel draußen.«

*Tag zwei*

»Hast du die Katze nach Zecken abgesucht?«, schrieb meine Schwester zurück, das undankbare Ding. »Natürlich«, log ich, zog mir einen Hauch Afterbite rein und fing die Katze ein, die insgesamt etwas träge wirkte. Sie verdaute wohl noch an der mit Raclettekäse überbackenen Nilgans, die wir uns zum Frühstück geteilt hatten. Ich zurrte die Katze auf der Werkbank fest und suchte sie nach Zecken ab. 27 Stück, das war neuer Rekord.

Die Zecken warf ich nicht ins Klo, wie sonst immer. Ich wollte sie ein wenig beobachten, sie wirkten fast wie außerirdische Lebensformen, mit den prallen planetenförmigen Hinterkörpern und dem quirligen Krabbelkopf. Vielleicht waren es ja wirklich Aliens, und wenn man genug beisammen hatte, würden sie sich ein Raumschiff bauen, um auf ihren Planeten zurückzukehren ...? Oder einen Staat bilden. Ich brachte die Zecken im alten Aquarium unter, wo Alfred, unsere Wasserschildkröte, gewohnt hatte, bis er im gesetzten Alter von dreißig Jahren verstorben war, vermutlich an Langeweile. Das Aquarium roch immer noch ein wenig nach Alfred, leicht moderig und reptiloid. Ich überließ die Zeckenpopulation sich selbst und ging raus zum Briefkasten. Die Sonnenstrahlen fühlten sich klebrig auf meiner Haut an, als würde ein blinder, hirnloser Gott mich mit geschmolzenem Camembert beträufeln. Der Himmel klaffte wolkenlos blau über mir wie eine offene Wunde. Der Fliederstrauch fragte mich, wie mein Tag war. Drosseln brüllten mir ins Ohr. Was war nur mit dem Wetter los, mit der Natur? Schnell zurück ins Haus, eine Dosis Afterbite, linkes Nasenloch, ahhh, rechtes Nasenloch, uhhh!

In der Post fand ich ein Schreiben der Gemeinde, dass das Wasser knapp sei, wegen des ausbleibenden Regens, und dass man sparsam mit Trinkwasser umgehen solle. Kein Problem, dachte ich, schließlich befand sich ein gut sortierter Weinkeller im Haus.

Wie es der Katze gehe, fragte meine Schwester schon wieder. Als würde sie mir nicht mal zutrauen, auf eine harmlose Katze aufzupassen. Nach meinem Befinden erkundigte sie sich dagegen nicht. Sie hatte sich sehr zum Unguten entwickelt, seit sie Jura studierte und keine Dreadlocks mehr besaß. Früher war da mehr Bewunderung für mich, ich erinnerte mich noch gut an die Zeit, als sie mich für allwissend hielt. Gut, da war sie auch erst sieben. Um sie zu ärgern, beschloss ich, nun doch keinen Text über Katzen zu schreiben, wie ich es vorgehabt hatte, sondern stattdessen etwas über Hasen. Oder Kaninchen. Hasenartige halt.

Nach einer erfrischenden Champagnerdusche und ein paar Nasen Afterbite fiel mir ein guter Titel ein: Der Mann mit den Pinselohren.

In der Geschichte ging es um einen Mann, der sich für ein Kaninchen hielt. Und alle lachten über ihn, auf der Arbeit, im Büro, in der Freizeit, im Tennisclub. Am Ende stellte sich dann heraus, dass er tatsächlich ein Kaninchen war, und alle, die ihn ausgelacht hatten, standen ganz schön dumm da.

Aber halt, Pinselohren, hatten Hasenartige überhaupt Pinselohren? Ich googelte und stieß auf den Wikipedia-Artikel über den Luchs. Luchse hatten Pinselohren. Neuerdings waren wieder Luchse in der Eifel gesichtet worden, las ich, und im Rothaargebirge. Rothaargebirge? Nie davon gehört. Ich navigierte weiter zum Artikel über das Rothaargebirge, von da kam ich zum Pfälzer Wald, und als ich auf verschlungenen Wegen bei der Kryptozoologie, genauer gesagt, beim Ogopogo, der angeblich im Okanagan Lake lebenden Seeschlange, gelandet war, war es auch schon wieder Abend geworden. Ich sah nach, was die Katze heute erjagt hatte, und beschloss, dass es zum Abendessen Froschschenkel à la française geben würde, als Beilage Brekkies rot-weiß.

Der Abend war ruhig, ruhiger als sonst, man hörte fast gar kein nerviges Froschgequake mehr. Die Katze hatte gute Arbeit geleistet und alle Gartenteiche in der Nachbarschaft entvölkert.

Vor dem Schlafengehen gönnte ich mir ein entspannendes Rotweinbad, ich nahm dafür nur die ältesten Weine, die waren sowieso bestimmt nicht mehr gut. Morgen war ein harter Tag, ich würde das Haus nämlich verlassen müssen, raus in die Sonne, um meine Afterbite-Vorräte aufzustocken, die gingen bedenklich zur Neige.

*Tag drei*

Ich hatte nicht so gut geschlafen wie gehofft, draußen war die ganze Nacht ein Gefauche und Gekreische gewesen, wie von einem Hexensabbat, der außer Kontrolle geraten war. Offenbar hatte die Katze die Sheba-Köder gegen einen hungrigen

Marder verteidigt. Abgekämpft, aber siegreich war sie am Morgen heimgekehrt, eine Marderpfote zwischen den Zähnen. Ich setzte ihr das an einer Sehne herabbaumelnde Auge wieder ein und befestigte das abgerissene Ohr mit Tesafilm am Kopf, dann verschwand sie zum Jagen.

Wenn ich in die Apotheke fuhr, musste ich unbedingt ein Mittel gegen Nasenbluten kaufen, meine Nase blutete neuerdings die ganze Zeit. Bestimmt vom Ozon. Und ich hatte Kopfschmerzen, aber dagegen half Afterbite zuverlässig.

In der Apotheke von Walferdingen kaufte ich den Restbestand von fünf Afterbite-Sticks auf, danach stattete ich den Apotheken von Steinsel und Mersch einen Besuch ab, sogar bis nach Ettelbrück fuhr ich, dort gab es zwei Apotheken. Die Sonne grinste zahnlos vom Himmel herab, als habe sie es auf mich persönlich abgesehen. Deshalb kaufte ich in der zweiten Ettelbrücker Apotheke ein paar Jumbotuben Sonnencreme und schmierte das Auto damit ein.

Die Reise war lang und beschwerlich, ich verbrauchte fast einen ganzen Stick Afterbite. An einem sprudelnden Bächlein in der Gegend von Colmar-Berg machte ich Rast. Während mein braver Golf ein Sonnenbad nahm, fing ich ein paar Forellen mit der Hand, um etwas Diversität in unseren Speiseplan zu bringen. Meine Idee, die zappelnden Viecher gleich hier auf dem Autodach zu grillen, verwarf ich, die Katze sollte auch etwas davon abbekommen, das hatte sie sich verdient, schließlich hatte sie in den letzten Tagen für unser Essen gesorgt.

»Forelle Müllerin«, erklärte ich der Katze, die auf der Fritteuse saß und interessiert zusah, wie ich, in Mehlstaubwolken und Afterbite-Schwaden gehüllt, die Forellen durch die fingerdicke Schicht Mehl rollte, die ich großzügig auf der Anrichte und dem Küchenboden verteilt hatte.

»Altes Bauernrezept: pro Forelle ein Kilo Mehl und ein Kilo Butter. Dann noch jeweils ein Pfund Butter für die Füllung.«

Die Katze nickte und deutete fragend mit der Vorderpfote auf die Zitronen, die stellenweise aus dem Mehlgebirge herausragten wie erloschene Vulkane aus einer Mondlandschaft. »Zitronen sind optional«, sagte ich. »Sie machen es leichter verdaulich für Leute mit einer Butterintoleranz.«

»Du denkst doch daran, die Katze jeden Tag nach Zecken abzusuchen?«, durchbrach meine Schwester zwei Stunden später mein verträumtes Verdauungssurfen auf Facebook. »Problem gelöst«, schrieb ich zurück, während das Mehl nur so aus der Tastatur staubte.

Einer meiner Facebook-Freunde hatte nämlich gepostet, dass Kokosnussöl das wirksamste Mittel gegen Zecken sei. Kokosöl hatte ich zwar keins im Haus, aber zur Not würde es sicher auch Olivenöl tun, befand ich. Ich füllte einen Eimer mit ein paar Litern Olivenöl, gab auch noch etwas Kräuter der Provence, Pfefferkörner und Lorbeerblätter dazu, rundete das Ganze mit einem Schuss Balsamico-Essig ab und tunkte die Katze hinein.

»Es ist nur zu deinem Besten«, erklärte ich dem zappelnden Tier und hielt es gut fest, damit die Marinade sich auch schön auf der Haut verteilte und in alle Poren einsickern konnte. Nachdem die Behandlung beendet war, schüttelte die Katze sich, warf mir einen bösen Blick zu und zog von dannen.

Die wird sich schon wieder einkriegen, dachte ich. Vor allem wenn sie erst mal sehen würde, was ich ihr heute ins Trinkschälchen getan hatte. Echte Kriegerinnen tranken keine Milch, und die Katze hatte zur Genüge bewiesen, dass sie eine Kriegerin war, heute Morgen hatte sie ein junges Schaf gerissen. Zur Belohnung hatte ich Met für sie hergestellt, aus Biobier und organischem Bienenhonig. Zwar war bei der

Fabrikation und dem Transport des Mets ein gewisser Streuungseffekt aufgetreten, der bewirkte, dass einige Stellen des Hauses jetzt deutlich klebriger wirkten als vorher, aber wenn man seine Laufwege darauf einstellte, war das eigentlich kein Problem. Also das Haus war im Prinzip noch bewohnbar, so schlimm wie damals, als ich versucht hatte, Borschtsch nach der Original-Woronesch-Formel zu kochen und meine Familie daraufhin in eine andere Stadt umziehen musste, war es jedenfalls nicht. Gut, damals war ich auch erst acht gewesen.

*Tag vier*

Bald würde meine Familie wieder nach Hause kommen, und zur Feier des Tages hatte ich ein zünftiges Irish Stew vorbereitet, das jetzt fröhlich auf einem Holzfeuer in der Garage vor sich hin schmurgelte. Um genug Feuerholz zusammenzubekommen, hatte ich den Fliederbusch, die kleine Blautanne und noch ein paar namenlose Sträucher gerodet, der Garten sah jetzt schon viel aufgeräumter und urbaner aus. Das Schaf, das die Katze mir gestern gebracht hatte, hatte ich eigenhändig ausgeweidet und entbeint. Ich war wirklich stolz auf mein Werk. Da das mittelgroße und die kleinen Messer irgendwo unter Mehl und leeren Afterbite-Sticks verschollen waren, hatte ich nur das große Hackmesser zur Verfügung gehabt, und das war bei der Feinarbeit, also Sehnen und Knorpel, nicht gerade praktisch. Dennoch war das Schaf von meinen sensiblen Metzgerhänden nach und nach in mundgerechte Stücke zerteilt worden. Die Fleischabfälle und Knochen hatte ich einfach in den Garten geworfen, für das Rabenvolk, gegen 9:34 Uhr konnte ich sogar die erste Sichtung eines Bartgeiers in Luxemburg seit 458 Jahren vermelden.

Für die Katze und mich bereitete ich ein nahrhaftes Eichhörnchenragout zu, dann leerte ich einen Afterbite-Stick in meiner Nase aus und nahm eine Martini-Dusche, um das Schafsblut abzuwaschen. Danach rollte ich mich in Paniermehl. Warum? Weil es irgendwie Spaß machte. Weil ich es konnte, keine Ahnung, warum. Die Katze betrachtete mich kopfschüttelnd und machte sich Notizen.

Gegend Abend traf meine Familie ein. Ich hoppelte ihnen freudig schnurrend auf allen vieren entgegen, ganz mit Panade bedeckt. Meine Schwester bedachte mich mit einem merkwürdigen Blick. Es war der gleiche Blick, den Gregor Samsas Schwester Gregor Samsa zugeworfen haben musste an jenem Morgen, als alles begann.

Ich miaute sie vorwurfsvoll an und deutete mit der linken Vorderpfote auf meinen leeren Fressnapf.

Die Katze saß rauchend am Laptop und tippte irgendwas, wahrscheinlich diesen Text.

# EBER iM NEBEL

Ein Rascheln in der Maisplantage, eine kaum wahrnehmbare Bewegung, dort, wo das Feld in Mischwald übergeht.

»Sie kommen«, flüstert Sir Percival Batchelor mir aufgeregt zu. »Bleiben Sie dicht hinter mir, und machen Sie mir alles nach, dann wird man Sie für ein Jungtier aus meiner Rotte halten.« Er lässt seine 120 Kilo Lebendgewicht (»Kartoffeln, seit 20 Jahren nichts als Eicheln und Kartoffeln, old boy!«) auf alle viere plumpsen und nimmt Witterung auf. Der Schnurrbart zittert, sein verbeulter Tropenhelm ist in den Nacken gerutscht, borstige Haarbüschel gucken aus seinen Ohren, der Blick der rot geränderten Äuglein ist ins Weite gerichtet. »Oink, oink«, gurrt er zärtlich. »Oink-o? O-ink?«

Wieder mal falscher Alarm, denke ich verdrießlich. Ein Betrunkener auf dem Heimweg oder ein Eingeborener, der seinen Hund Gassi führt. Ich lehne mich gähnend gegen das rostige Chassis des alten Traktors mit DDR-Kennzeichen, der uns als Basislager dient.

Doch Sir Percival macht mir hektisch Zeichen. Widerstrebend lasse auch ich mich auf allen vieren nieder und grunze lustlos.

Mir ist kalt. Und es ist nass. Der Schlamm, in dem wir uns gesuhlt haben, damit die Wildschweine uns akzeptieren, will in der feuchten Kühle des Morgens einfach nicht trocknen. Seit Ewigkeiten habe ich nicht mehr richtig geschlafen. Nachts finden wir keine Ruhe wegen des Geheuls der Wölfe, die sich immer näher an die menschlichen Siedlungen heranwagen, hier in Deutschlands wildem Osten, wo Europa langsam in Asien übergeht und sich Pole und Mongole Gute Nacht sagen.

Seit zwei Wochen harren wir in der vernebelten, verregneten Einöde der Vorstadtlandschaft aus, ohne ein einziges Wildschwein gesichtet zu haben. Wir sind auf der Suche nach dem Familienverbund, mit dem Sir Percival Batchelor, der legendäre Wildschweinflüsterer, in den Achtzigerjahren zusammengelebt hat. Zum wiederholten Mal frage ich mich, worauf ich mich hier eingelassen habe.

Sir Percival möchte beweisen, dass die letzten Prenzlauer-Berg-Wildschweine, die durch seine zahllosen Bücher und Filme (*Eber im Nebel, Keilerdämmerung, Der Sommer des Überläufers, Ein Bett im Kornkreis*) weltberühmt wurden, immer noch hier am Rand des Schrebergartengürtels hausen.

Durch Gentrifizierung und invasive Schweinebanden aus der Provinz wurden die einst häufigen Tiere im zwanzigsten Jahrhundert aus ihrer Pankower Heimat verdrängt und wichen in die dünn besiedelten Sumpfwälder von Treptow-Köpenick südlich des Müggelsees aus.

Sir Percys Filme zeigten der Welt, dass es auch Wildschweine gibt, die sich zu benehmen wissen, »gentleboars« und »ladysows«, wie er sie nennt. Damit vermittelte er der zivilisierten Welt ein neues Bild der sanften Riesen, die hier im abgelegenen Berlin – die nächste menschliche Siedlung ist Minsk – gerade wieder gnadenlos bejagt und von ängstlichen Radfahrern und Badegästen als mordlustige Bestien und notorische Langfinger verteufelt werden. ˙

Nachdem die Geschichte der »Klausau vom Teufelssee« um die Welt ging, ist das Wildschwein in Berlin ja endgültig zum Problemtier geworden. Sir Percival hat den ominösen Videoclip, in dem man einen nackten Mann sieht, der ein Wildschwein und zwei Frischlinge verfolgt, die seine Tasche samt Laptop gestohlen haben, gründlich analysiert: »Das war keine von meinen Sauen«, erklärt er kategorisch. »Die fürchten sich nämlich vor Menschen, und das mit Grund. Wir haben es hier mit Rotten von Zugezogenen zu tun, die jegliche Contenance verloren haben und in organisierten Gangs die Badeseen unsicher machen, von menschlichen Müllbergen angelockt. Old-School-Schweine machen so etwas einfach nicht.«

Während in der ganzen Welt, dank mutigen Tierfilmern wie Henry Lee Nugent aus Razorback/Arkansas, der in eine namibische Warzenschweinfamilie einheiratete, oder dem »Schweinemann von Borneo«, Dr. Luc van Eyck, der Indonesiens Hirscheber in einem modernen Staatswesen organisierte, das Bild des Schweins als nächstem Verwandten des Menschen eine Aufwertung erfuhr, herrschen in diesen rückständigen Regionen Eurasiens leider noch immer die alten Vorurteile.

»O-oink O-ink-o«, tönt es vom Waldrand. Ich fahre aus meinen trüben Gedanken hoch.

»Claire, altes Mädchen«, quiekt Sir Percival und verschwindet erstaunlich behände zwischen den meterhohen Maisstauden. Ich folge auf allen vieren.

Und dann sehe ich das mächtige Tier: Gleich Zahnstochern knickt es die Maispflanzen, wie ein T-34-Panzer walzt es auf Sir Percy zu.

Lady Claire, die gewaltige Silberrücken. Und ihre Rotte folgt auf dem Fuß, ich sehe in Schweinsgesichter, die jeder, der in den Siebzigern und Achtzigern aufgewachsen ist, aus dem Fernsehen kennt. Claires in Ehren ersilberte Ehemänner Paddington und Pinkerton, die Töchter Emily, Emma und Posh, die Söhne Lipton und Tipton, mittlerweile alle selbst mit Familie. Frischlinge und Frischlingsfrischlinge. Älter sind sie geworden, reifer, aus Frischlingen wurden Überläufer, aus Überläufern Eber ...

Sie begrüßen Sir Percival wie eine Rugbymannschaft den alten Jugendtrainer, mich lassen sie zum Glück links liegen, beäugen mich bloß. Ich halte mich zurück und vermeide Blickkontakt, nur wenn ich angerempelt werde, grunze ich höflich.

Plötzlich hält Sir Percival, der sich eben noch fröhlich im Matsch wälzte, inne. Sein Blick wird suchend, fragend.

»Heathcliff«, fragt er. »Wo ist denn Heathcliff?«

Ja, wo ist er? Heathcliff, dessen Waisenschicksal Millionen vor den Bildschirmen zu Tränen rührte. Der Findelfrischling, dessen gesamte Rotte von gewissenlosen Düsseldorfer Trophäenjägern ermordet wurde. Sir Percival fand ihn, halb verhungert, nicht größer als ein Frühstücksei, zwischen den kopflosen Leichen seiner Familie und zog ihn mit der Flasche auf. Der Whiskyflasche, wohlgemerkt. Die Geschichte, wie er aufwuchs, dann ausgewildert und von Claires Rotte adoptiert wurde, ist durch den Film *Wurmhöhe* unsterblich geworden.

»Oinky-doinky!« Die Maisstauden teilen sich; Heathcliff, mittlerweile ein stattlicher Keiler von den Ausmaßen eines VW Polo, stürmt heran und wirft sich Sir Percy in die Arme. »Du kleiner Schelm!«, ruft dieser. »Wolltest mir einen Schrecken einjagen.«

Und dann werde ich Zeuge des bezauberndsten Naturschauspiels, dem ich je beiwohnen durfte.

Wie auf Kommando stellen die Wildschweine sich im Halbkreis vor Sir Percival auf.

Ich befürchte einen Angriff, will schon eingreifen, beziehungsweise weglaufen, da gibt Sir Percy mir ein Zeichen, mich still zu verhalten.

Lady Claire stampft, einmal, zweimal mit dem rechten Vorderhuf auf, trampelt einen Takt, und dann beginnen alle, miteinander zu grunzen, schnell erkenne ich das Lied: Die ganze

Rotte grunzt »For he's a jolly good fellow«, um Sir Percival willkommen zu heißen, das Lied, das er ihnen, nebst anderen britischen Traditionen, einst beigebracht hatte.

Etwas später. Wir haben es uns auf einem Kartoffelacker gemütlich gemacht und brunchen mit der Wildschweinfamilie, es gibt junge Kartoffeln und frische Regenwürmer auf Toastbrot. Sir Percy lässt eine Thermoskanne Tee herumgehen, an der die Schweine schmatzend saugen.

»Ich hätte nie gedacht, dass sie uns Menschen so ähnlich sind«, flüstere ich Sir Percival zu.

Der nickt. Ganz entspannt ist allerdings niemand, das hier ist immer noch ein Jagdrevier. Es sollen Waidmänner gesichtet worden sein, und die Wildschweine sind trotz aller Wiedersehensfreude wachsam.

Das Naturvolk der Waidmänner (in ihrer eigenen Sprache nennen sie sich »Halali«) lebte einst als Jäger und Sammler in den urtümlichen Regenwäldern Brandenburgs, bis hier im Nichts die künstliche Hauptstadt Berlin aus dem Boden gestampft wurde. Das Berliner Schurkenregime fing die freien Waidmänner ein und verdonnerte sie zu einem sesshaften Lebensstil. Heutzutage vegetieren sie in primitiven Reihenhaussiedlungen, verlernen ihre alte Sprache, das Jägerlatein, gehen geregelter Arbeit nach und werden darüber depressiv und alkoholkrank. Am Wochenende aber legen sie ihre grüne Stammestracht an, beschmieren sich die Gesichter mit Blut und wandern singend hinaus in die alte Waldheimat, wo sie nach Art der Vorfahren Jagd machen auf »Rotwild« und »Schwarzwild«, wie es in ihrer Sprache heißt.

Dem Volk der Schreber, das das fruchtbare Grasland zwischen Elbe und Ural jahrtausendelang als Kleinviehzüchter und Gärtner bevölkerte, bekam der sogenannte Fortschritt nicht besser. Ihre gewaltigen Karnickelherden wurden aus »hygienischen« Gründen vergast, ihre Gemüsegärten in nachhaltige Freizeitparks für junge Musterfamilien umgewandelt. Die kümmerlichen Überreste des Stammes leben in »Schrebergartenkolonien« genannten Slums an der Grenze des Stadtmolochs. Doch ihre baufälligen Wellblechhütten und Wohnwagen, ihre Gartenzwerg-Totems und Bambi-Fetische sind der Obrigkeit weiterhin ein Dorn im Auge. In den nächsten Jahren sollen sie einem »Kiez« weichen, für die wachsende Schar der Hipster und Kreativen, die heuschreckengleich aus den entlegensten Sümpfen und Hinterwäldern in Berlin einfallen, auf der Suche nach Futtertrögen und Wohnraum.

Plötzlich ertönt ein Pfiff so schrill, dass ich mich fast an meinem Engerling verschlucke. Ich blicke auf. Die Wildschweine gehen in Kampfformation.

»Die Waidmänner«, schießt (sic!) es mir durch den Kopf. Doch als ich aufblicke, sehe ich nur eine zwergenhafte, in Kakiuniform und rotes Pfadfinderhalstuch gekleidete Gestalt mit Feldstecher, vielleicht 1,20 Meter hoch, die uns vom Rand des Ackers aus beobachtet.

Ein Spreewaldpygmäe, denke ich aufgeregt, wir haben das verlorene Volk der Spreewaldpygmäen entdeckt, das immer noch ohne Kontakt mit der Zivilisation in den undurchdringlichen Auwäldern hausen soll. Als die Gestalt sich langsam nähert, erkenne ich, dass ich mich geirrt habe. Es ist kein Spreewaldpygmäe. Es ist Hannes Jaenicke.

Ein Kameramann folgt ihm geduckt.

»Konkurrenz«, ruft Sir Percival empört.

Schnell hissen wir das BBC-Banner und die National-Geographic-Flagge. Diese Rotte gehört uns!

»Können wir verhandeln?«, ruft Jaenicke. »Ich brauche nur ein paar Aufnahmen, wo ich mit Wildschweinen kuschle und

Frischlinge herze. Dafür kriegen Sie exklusives Großtrappen-material von mir. Total flauschige Küken.«

»No fuckin' way«, brüllt Batchelor und richtet einen alten Vorderlader, wo hat er den auf einmal her?, auf Jaenicke.

Der weicht zurück. Doch im Hintergrund sehe ich eine gewaltige Staubwolke aufsteigen: Das restliche Team der ZDF-Sendung *Deutschlands letzte Paradiese* ist im Anmarsch. Kamerakräne, Lastwagen, Kabelrollen, Raupenfahrzeuge, Luxuswohnmobile, Andreas Kieling im Lendenschurz auf einem Przewalski-Pferd und die komplette *Fernsehgarten*-Bühne.

Die sind in der Überzahl. Uns bleibt nur die Flucht.

Hinein in den Busch. Ich finde mich auf einem Wildschwein reitend wieder, ich glaube, es ist Paddingtons ältester Sohn Harvey oder Horsey. Tiefer, immer tiefer dringen wir in die unberührte Wildnis vor, rennen Jogger um, weichen Wisenten aus und zertrampeln illegale Cannabispflanzungen.

Irgendwann, nach gefühlten Stunden, halten wir inne. Hannes Jaenickes verzweifelte Stimme, »Ich gebe euch Rohrdommeln, Löffelreiher, Trauerschnäpper, was immer ihr wollt«, ist in der Ferne verpufft, Andreas Kielings gutturale Kriegsschreie sind verklungen. Wir haben sie abgehängt. Auf einer Lichtung lassen wir uns erschöpft in den Schlamm fallen. Lady Claire schickt Wachtposten und Späher aus.

Diese Gegend hat bestimmt noch nie ein Mensch betreten, denke ich, und lehne mich gegen einen bemoosten Baumstamm.


»Wie kommt es eigentlich«, frage ich Sir Percival, »dass die Schweineversteher immer männlich sind? Henry Lee Nugent, Dr. van Eyck, Sie, während die Menschenaffenforscherinnen alle weiblich waren: Jane Goodall bei den Schimpansen, Dian Fossey bei den Gorillas, Birutè Galdikas bei den Orang-Utans ...«

»Well«, sagt Sir Percival und beißt einer Haselmaus den Kopf ab. »Wir Männer können uns vermutlich besser in die sensiblen Schweine hineinversetzen. Frauen fehlen da wohl einfach die nötigen Antennen für die monolithische Gefühlswelt der scheuen Tiere.«

»Ah ja«, sage ich und beiße in einen roten Pilz mit weißen Tupfen drauf, von dem mir die Wildschweine durch aufmunterndes Zugrunzen versichert haben, dass er ungiftig sei.

»Während Frauen mit ihrem Multitasking«, fährt Sir Percy fort, »die Ordnung in so einer Rotte nur durcheinanderbringen würden. Bei Wildschweinen gibt es für alles eine Zeit: Suhle ist Suhle, und Eichelmast ist Eichelmast, da gibt's kein Vertun.«

»Wahrlich«, sage ich zerstreut und nehme mir einen zweiten Pilz. Wirklich lecker, die Dinger. Erdiges Aroma mit nussiger Note, ein Hauch mulchig im Abgang.

»Außerdem sind, wie Sie ja mittlerweile wohl wissen werden, Wildschweine streng matriarchal organisiert. Ein rottenfremdes Weibchen würde von der Alpha-Bache als Konkurrenz angesehen werden. Zickenkrieg vorprogrammiert. Bei einer patriarchal organisierten Gesellschaft, wie eben Menschenaffen, stellt sich das Problem natürlich nicht. Beziehungsweise eben doch, nur umgekehrt.«

»Umgekehrt. Latürnich«, sage ich. Einer geht noch, denke ich und esse den nächsten Pilz. Endlich fange ich an, mich wohlzufühlen unter den wilden Schweinen. Ich wühle mich tiefer in den Dreck hinein und fange an zu tagträumen. Fast wie im Märchen hier.

Gerade als ich kurz vor dem Wegtreten bin, kommt ein junger Keiler auf unsere Lichtung gesprintet. Aufgeregt grunzt er etwas in seiner Sprache. Die anderen Wildschweine sind sofort hellwach.

»Sie scheinen etwas entdeckt zu haben«, meint Sir Percy. »Folgen wir ihnen.«

Leicht benommen stolpere ich hinterher.

Plötzlich öffnet sich das Dickicht des Waldes und gibt den Blick auf eine grüne Ebene frei: Felder, so weit das Auge reicht, Gurkenfelder, nichts als Gurken, dazwischen Bewässerungskanäle und Schilfhütten.

Und Menschen. Klein. Winzig. Männer und Frauen mit weißen Bärten und roten Zipfelmützen. Sie halten Schäufelchen, Heugäbelchen und Hackebeilchen in den Händen.

»Wir haben die geheimen Gurkengründe der Spreewaldpygmäen entdeckt«, flüstere ich ergriffen.

Ich möchte auf die kleinen Menschen zueilen, doch Sir Percy hält mich zurück.

»Niemand«, zischt er, »niemand, der die geheimen Gurkengründe der Spreewaldpygmäen zu Gesicht bekam, ist je wieder von dort zurückgekehrt.«

Woher will er das denn wissen, denke ich.

»Ach was, die sind total lieb, die Zwerge«, sage ich. »Sooo lieb sind die.«

Die Wildschweine schauen besorgt und ziehen sich geräuschlos ins Unterholz zurück.

Energisch zupft Sir Percy mich am Ärmel, »Kommen Sie jetzt mit, Sie Idiot. Solange es noch geht.«

Dann ist Sir Percy verschwunden. Mir doch egal.

Ich will mich gerade erheben und den Zwergen eine Begrüßung zurufen, vielleicht eine Rede halten, mir ist irgendwie danach, da bohrt sich etwas Hartes in meine Kniekehle. Ich drehe mich um. Es ist eine Lanze in Spielzeuggröße, die einer der Zipfelmützenzwerge in den Händen hält. Er ist nicht allein. Im Nu bin ich umzingelt von ungezählten Spreewaldpygmäen mit Waffen aller Art. Knüppel, Speere, Sensen, Dreschflegel, sogar eine zweizackige Harpune sehe ich.

»Hui, Frissfleiss«, lacht der mit der Lanze.

»Ei, Wonntagsbrat'n«, kichert der mit dem Zweizack.

»Hey, Leute«, rufe ich, »ich komme in Frieden.«

»Von weg'n Fried'n. Er hat unf Twerge g'nannt. Hab't g'nau g'hört«, kreischt einer der Zwerge.

Die müssen uns die ganze Zeit über beschattet haben, fährt es mir durch den Kopf.

»Und detthalb mutt d'r Frevler fterben«, kräht der mit der Lanze. »Keiner b'leidigt ungeftraft 'n ftolten Ftamm d'r Fpreewaldpygmä'n.«

»Hurra, hurra, 't gitt Mentsenfleiss!«, jubeln alle und werfen ihre Zipfelmützen in die Luft.

Ich drehe mich um, um zu flüchten. Wäre doch gelacht, wenn diese Winzlinge ...

Ein fachkundig geworfenes Lasso schlingt sich um meinen Hals, ich werde zurückgerissen und falle in den Schlamm. Sofort sitzen Dutzende Spreewaldpygmäen auf mir drauf. Eine winzige Speerspitze zittert Zentimeter vor meinem rechten Auge.

»Keine Faptfen«, droht der Lanzenzwerg und drückt seine Waffe gegen meine Gurgel. Dann ruft er: »Einhorn! Einhorn, hierher!«

Ein plumpes Tier, groß wie ein Ackergaul, mit verfilztem Fell in schmutzigem Lila und einem meterlangen blutverkrusteten Horn auf der Stirn, kommt herangestampft. Es zieht einen altertümlichen Leiterwagen, auf dem ich rostige Ketten entdecke.

»Hau ruck, hau ruck«, skandieren die Zwerge, während sie mich am Lasso zum Karren führen. Ich habe keine Wahl, als ihnen zu folgen, mit der Schlinge um den Hals. Sie pieksen mich auffordernd mit ihren Waffen, und ich steige auf den Wagen. Es riecht nach altem Erbrochenen und frischem Einhorndung. Ein paar Zwerge hüpfen mir hinterher. Ketten schließen sich um meine Hand- und Fußgelenke. Irgendwer stopft mir eine Zwiebel in den Mund.

Unfähig, mich zu rühren, richte ich den Blick auf die Anhöhe, dorthin, wo wir hergekommen sind, und sehe mehrere Gestalten, die sich im Schatten der Bäume bewegen. »Sir Percy und die Wildschweine, sie sind gekommen, um mich zu retten«, denke ich erleichtert, »sie werden mich hier nicht allein sterben lassen.«

Nun erkenne ich die majestätischen Silhouetten der Wildschweine ganz deutlich im Schein der untergehenden Sonne. Sie haben sich in einer Reihe aufgestellt, kommen aber nicht näher heran. Der Zwerg auf dem Kutschbock lässt die Peitsche knallen, das Zugtier stößt ein rasselndes Geröchel aus, das eher nach Raucherhusten als Wiehern klingt. Dann setzt der Einhornkarren sich schwerfällig in Bewegung.

Sir Percys Stimme schallt über die Ebene: »One, two, three, four.«

Und die Wildschweine beginnen, im Chor zu grunzen:
»When you walk through a storm
Hold your head up high
And don't be afraid of the dark
At the end of a storm
There's a golden sky
And the sweet silver song of a lark
Walk on through the wind
Walk on through the rain
Though your dreams be tossed and blown
Walk on, walk on
With hope in your heart
And you'll never walk alone«

# DiE BESCHWERDE

*Sehr geehrter Herr Funny van Dannen,*

ist »van Dannen« eigentlich Ihr richtiger Name?

Das ließe darauf schließen, dass Sie Holländer sind, also kein Muttersprachler (was vielleicht Ihren eher saloppen Umgang mit der deutschen Sprache erklären würde), ich hoffe aber mal, Sie verstehen trotzdem genug Deutsch, um das Folgende rezipieren zu können. Ich werde versuchen, so sachlich und konzis wie möglich zu bleiben, selbst wenn's schwerfällt.

Ich wende mich auf diesem Weg an Sie, um mich zu beschweren.

Es geht um Ihren Song »Okapiposter«, den mir der Jens, mein Pfleger, neulich auf YouTube vorgespielt hat. Um mich zum Lachen zu bringen. Aber so lustig fand ich das, ehrlich gesagt, nicht.

Zwar habe ich durchaus Humor, und niemand weiß einen guten Witz mehr zu schätzen als ich. Selbst wenn er auf meine Kosten geht. Man soll sich nicht allzu ernst nehmen, dafür ist das Leben viel zu kurz. Oder wie der Jens immer zu mir sagt: »Plummy, ohne dich wäre es nur halb so lustig hier im Zoo.«

Humor ist ja, wenn man trotzdem lacht, aber wenn ich so etwas wie das hier höre, dann hört für mich der Spaß auf:

*»Ich wollte ein Okapiposter,*
*und was schenkst du mir?*

*Das ist kein Okapi. –*
*Das ist ein Schabrackentapir!*

*Jetzt ist der Geburtstag im Eimer, das ist dir ja hoffentlich klar.*
*Wenn das mal kein schlechtes Omen ist*
*für das ganze nächste Jahr!«*

Sie ahnen es vielleicht bereits: Ich bin ein Schabrackentapir.
Und ich bin not amused. Au contraire, ich muss Ihnen leider
in aller Deutlichkeit sagen, dass ich diesen Text ziemlich ver-
letzend, ja geradezu ehrabschneidend finde. Für mich, für alle
Schabrackentapire auf der Welt!

Mal ganz davon abgesehen, dass es sehr unhöflich ist, ein Ge-
schenk auf diese Art zurückzuweisen – und das auch noch in
aller Öffentlichkeit, die Person hat es doch sicher nur gut gemeint –, also mal abgesehen vom eklatanten Mangel an guter
Kinderstube, der sich hier offenbart: Was bitte hat ein Okapi,
das ein Schabrackentapir nicht hat?

Okapis sind doch nichts weiter als zu klein geratene Giraffen ohne Hals, die farblich daherkommen, als hätte ein expres-
sionistischer Maler im Absinthrausch mit seiner Palette nach
ihnen geschmissen.

Was glauben Sie denn, warum diese Behelfsgiraffen erst vor
100 Jahren von den Menschen entdeckt wurden? Weil sie nicht
entdeckt werden wollten, darum! Minderwertigkeitskomplexe
haben sie, und das mit Grund. Jahrtausendelang trauten sie
sich nicht hinaus auf die Savanne, wo alle Bewohner, von
Schuppentier bis Warzenschwein, über sie gelacht hätten.
Stattdessen hielten sie sich im tiefsten Dschungel versteckt,
aus Scham, keine vollwertigen Giraffen zu sein, sondern ein
gründlich danebengegangener Scherz der Evolution.

Ausgerechnet Okapis. So ein missglücktes Geschöpf einem

schönen Schabrackentapir vorzuziehen, ist äußerst herabsetzend, und ich muss mich im Namen aller meiner Artgenossen auf das Entschiedenste dagegen verwehren, mit Okapis in einen Topf geworfen zu werden.

Aber gut, lassen Sie uns nicht Äpfel mit Birnen vergleichen, schließlich kann keiner was dafür, wie er aussieht. Ich für mein Teil bin dem Schicksal jedenfalls sehr dankbar, als Schabrackentapir und nicht als Okapi geboren zu sein, daran kann auch Ihr Lied nichts ändern. Sie wollen keinen Schabrackentapir zum Geburtstag, na schön. Ich kann mir auch Tausende Leute vorstellen, an die ich lieber zum Geburtstag verschenkt werden würde als an Herrn Funny van Dannen. Menschen, die froh und dankbar über einen geschenkten Schabrackentapir wären und ihn pfleglich und liebevoll behandeln würden. Aber Monsieur hätte lieber ein Okapi. Es fällt wirklich schwer, das ernst zu nehmen.

Ich möchte meinen Ärger über Ihr Lied aber auch nicht an den Okapis auslassen (vielleicht ist es ja genau das, was Sie wollen?), schließlich hat kein Okapi diese bedauerliche Affäre losgetreten, sondern Sie, ein erwachsener Mensch, der sich den Folgen seiner Handlungen bewusst sein sollte.

Darüber hinaus finde ich es ehrlich gesagt sehr traurig, wie hier eine bedrohte Tierart gegen eine andere ausgespielt wird, zur Gaudi Ihres (wenn ich mir das YouTube-Video so ansehe, durchaus überschaubaren) Publikums. Das gibt nur böses Blut zwischen Okapis und Schabrackentapiren, und wem sollte das etwas nutzen.

Wäre es nicht viel verständiger, wenn wir speziesübergreifend alle zusammenhalten würden, um dem Artensterben Einhalt zu gebieten? Dazu gehören auch gute Presse und Visibilität für seltene Tiere in der Öffentlichkeit. Von daher finde ich es grundsätzlich erfreulich, dass es ausnahmsweise mal nicht um Koalas, Wölfe oder Blauwale geht, sondern um ein Tier, das keine so große Lobby hat.

Aber statt die Gelegenheit zu nutzen, um auf das Schicksal der Schabrackentapire hinzuweisen (es gibt nur noch zweitausend von uns!), machen Sie sich lustig.

Stellen Sie sich mal vor, ein hitzköpfiger Schabrackentapirjüngling, der über weniger Langmut und Weltklugheit verfügt als ich, bekommt etwas von diesem Lied mit und leitet eine Blutfehde gegen Okapis in die Wege. Es sind schon Kriege aus geringerem Anlass ausgebrochen!

Und was wissen Sie schon von mir und meinem Leben? Ich bin hier im Gehege der einzige Schabrackentapir unter lauter Bergtapiren, Sie können sich gar nicht vorstellen, was da an Mobbing abgeht. Die unscheinbaren braunen Bergzwerge neiden mir meine schöne Färbung und meine stattliche Statur. Was kann ich denn dafür, dass ich der Blickfang bei den Besuchern bin und immer alle nur mich füttern wollen? Da kommt zum Schabrackenneid auch noch Futterneid hinzu.

Zum Glück bin ich von Natur aus ein Solitär und kann auf die Gesellschaft dieser Neidhammel verzichten. Mein einziger Freund hier ist der Jens. Wenn er Pause hat, kommt er immer bei mir vorbei, und wir unterhalten uns und hören zusammen Radio oder gucken YouTube.

Ich habe weiß Gott kein einfaches Leben gehabt, bin von einem Tierpark zum anderen durchgereicht worden, vier Zoos in drei Ländern auf zwei Kontinenten. Meine Mama ist mir früh genommen worden, von Gummipflanzern, und ein gutherziger Mensch fand mich als hilfloses Baby und brachte mich in den Pahang-Nationalpark. Dort begann meine Odyssee.

Darüber könnten Sie mal ein Lied schreiben! Anstatt mich und meine gesamte Art zu »dissen«, wie man wohl heutzutage sagt. Vielleicht würde das Ihrer Karriere sogar guttun, ich zumindest habe noch nie eines Ihrer Lieder auf dem Schlagerkanal oder im Oldiesender gehört, und ich höre den ganzen Tag Radio.

Ja, schreiben Sie doch mal ein Lied über meine Mama, so wie Heintje das gemacht hat. Der konnte wenigstens richtig singen, im Gegensatz zu gewissen anderen Leuten, und der würde sicher nicht undankbar und selbstmitleidig rumnölen, wenn er einen Schabrackentapir zum Geburtstag geschenkt bekäme, sondern hätte sich einfach höflich bedankt.

Was haben Sie sich nur dabei gedacht? Es will nicht in meinen Kopf.

Kommt man heutzutage in die Charts, wenn man Schabrackentapire verhöhnt? Ist es so weit gekommen mit der Menschheit? Wenn solche Lieder über meine Art im Umlauf sind, dann wundert es auch nicht, dass wir auf der Roten Liste stehen.

Es ist übrigens kein Niemand, der Ihnen hier schreibt. Seit meiner Ankunft vor fünf Jahren halte ich mich konstant in den Top Ten der beliebtesten Zoo-Insassen, die am Ende jedes Kalendermonats vom Personal erstellt werden. Und an meinem letzten Geburtstag war sogar ein kleiner Artikel über mich im Stadtanzeiger, der Jens hat ihn herausgeschnitten und an die Wand meines Schlafstalls gepinnt.

Und dann muss ich mir so etwas anhören:

*»Okapis sind Giraffen, ein Tapir sieht aus wie ein Schwein.«*

Nur zu Ihrer Information: Schweine sind Paarhufer.

Ich aber bin Unpaarhufer, mein Herr!

Meine Verwandten sind edle Pferde und stolze Nashörner, nicht schnöde Schweine und anderes Nutzvieh.

Das ist eigentlich Beweis genug, dass Ihr Schabrackentapir-Shaming von keinerlei naturwissenschaftlicher Sachkenntnis unterfüttert ist. Es gibt doch so viele Themen für Schlagersänger, müssen es da wirklich Schabrackentapire sein (von denen Sie ja offensichtlich nichts verstehen)?

Wenn Sie zu cool sind, um über Mama zu singen, dann singen Sie doch über die Kunst des Schachspiels wie Roland Kaiser, oder über Marmor, Stein und Eisen wie Drafi Deutscher, über Nippel wie Mike Krüger, Theater wie Katja Ebstein, über losen Atem wie Helene Fischer. Oder über 'nen Cowboy als Mann wie Gitte Hænning!

Oder machen Sie es meinem großen Idol Udo Jürgens nach (der Jens hat mir ein signiertes Poster besorgt, das gleich neben meinem Pressefoto hängt), und besingen Sie griechischen Wein, Schlagsahne und New York, tun Sie sich mit der Fußballnationalmannschaft zusammen, und rufen Sie es in die Welt hinaus:

>*Buenos Dias, Argentina, er war lang, mein Weg zu dir,*
*doch nun schwenk ich den Sombrero, Buenos Dias, ich bin hier.*«

Udo Jürgens, er fehlt so sehr. Was habe ich an dem Tag geweint, als ich von seinem Ableben erfuhr. Udo Jürgens hätte sich bestimmt nicht über einen geschenkten Tapir beschwert, der hätte sich ans Klavier gesetzt und »Merci, chérie« gesungen.

Und jetzt kommen Sie mir nicht damit, dass das alles alte Lieder von alten Leuten sind, es gibt durchaus auch junge Menschen, die gehaltvolle Musik produzieren. Kennen Sie das aufstrebende Schlagerkollektiv *Die Ärzte*?

Hören Sie mal rein, die zeigen, wie es richtig gemacht wird, singen über Blumen und über die Liebe zwischen Claudia und ihrem Schäferhund. Und das alles mit dem gebotenen Respekt gegenüber Flora und Fauna, den Sie vermissen lassen.

Ja, von Schlagern kann ich Ihnen ein Lied singen! Wenn ich kein Schabrackentapir wäre, dann wäre ich Schlagersänger geworden.

Und nehmen Sie sich meine Ratschläge, ihr Songwriting betreffend, gerne zu Herzen, dann klappt's vielleicht irgendwann mal mit dem Oldiesender.

*In der Hoffnung auf ein klärendes Gespräch verbleibe ich mit freundlichen Grüßen,*

*Ihr Plummy*
*Schabrackentapir und stolz darauf*

# KARL — SCHICKSALSJAHRE EINER GALAPAGOS-SCHILDKRÖTE

An diesem Strand war er zur Welt gekommen. Und gleich vom Start weg war das Leben unfassbar schnell und gefährlich gewesen, erinnerte sich Karl. Man hatte erst mal gar keine Zeit gehabt innezuhalten, um die Schönheit der Welt zu bewundern oder einen Happen zu essen. Man schlüpfte aus dem Ei. Man grub sich aus der Bruthöhle durch den Sand an die Oberfläche. Man lebte. Man überlebte. Oder auch nicht. So viele von seinen Geschwistern hatten den ersten Tag nicht überstanden, den vielleicht größten Challenge im Leben einer jungen Riesenschildkröte. Vom Strand fortkommen und Deckung finden. Man wühlte sich durch den Sand und wuselte los, so schnell es ging, während gewaltige Bussarde und Möwen von oben angeschossen kamen und kolossale Krabben klackernd den Strand hinaufmarschierten. Wer zwischen ihre Scheren geriet, der hatte ein kurzes Leben gehabt. Und keinen leichten Tod. Wen die Bussarde forttrugen, den sah man nie wieder. Man musste nicht nur schnell sein, man musste auch großes Glück haben. Die Dünen hoch und hinein ins Gebüsch. Dann hatte man es fürs Erste geschafft. Die es nicht geschafft hatten, und das waren die meisten, vergaß man.

Heute war Karls hundertfünfzigster Geburtstag. Er feierte ihn allein. Zum allerersten Mal feierte Karl seinen Geburtstag ganz allein. Seit dem rätselhaften Verschwinden von Anna und Adam war er der Letzte hier auf der Insel. Wenn man von der übrigen Fauna absah, aber das waren bloß Tiere, keine Schildkröten.

Karl blickte über den Ozean, dorthin, wo sich in der Ferne verschwommen die Umrisse einer Insel abzeichneten, die von den Schildkröten »Die andere Insel« genannt wurde. Gab es dort auch Riesenschildkröten? Karl wusste es nicht. Es war zu hoffen. Wenn es nur eine Möglichkeit gegeben hätte, dort hinzugelangen. Ein wenig Gesellschaft. Nicht alleine sterben, unbetrauert. Hundertfünfzig Jahre. So alt war niemand von den Gefährten geworden. Außer der alte Hans eventuell, aber der hatte ja dauernd geschwindelt, was sein Alter betraf.

Die grünen Schildkröten der Meere wussten vielleicht mehr, waren jedoch zu weit entfernt und man vernahm ihre Gedanken nur sehr undeutlich. Außer wenn sie an den Strand kamen, um Eier zu legen. Aber da agierten sie dermaßen hektisch und beschäftigt, dass an einen vernünftigen Gedankenaustausch nicht zu denken war. Es waren auch schon eine ziemliche Weile keine Meeresschildkröten mehr auf der Insel gewesen, um abzulegen. Mindestens zwanzig Jahre. Die wurden offenbar auch ständig weniger. Was war nur los mit den Schildkröten? Es konnte doch nicht sein, dass sie alle verschwanden, einfach so!

Karl schüttelte die trüben Gedanken ab und sah zu, wie sie als feiner Nebel hochstiegen und sich langsam in der Luft auflösten.

Auf den von Wellen umspülten Steinen dösten drei pechschwarze Meerechsen im Sonnenschein. Meerechsen waren ganz okay. Manchmal kletterten ein paar von den Jungtieren auf Karls Panzer, um sich darauf zu sonnen. Wenn Karl sich irgendwann langsam in Bewegung setzte, sprangen sie alle ab, nur einer war mutig genug, ein Stückchen auf seinem Rücken mitzureisen. Karl hatte ihn Jack genannt, keine Ahnung, wieso. Meerechsen hatten eigentlich keine Namen, es waren ja nur Tiere. Sie hatten Gedanken, klar, das schon, aber es waren sehr einfache Gedanken, nicht so komplex wie Schildkrötengedanken. Wenn er nah genug dran war, konnte Karl vernehmen, was sie so dachten: »Schwimmen!« ... »Essen!« ... »Schlafen!« ... »Paaren!« ...

Meerechsen dachten nicht in ganzen Sätzen, dafür war ihr Wortschatz zu klein. Primitive halt.

Karl nickte den Echsen zu und beschloss, ein paar Stündchen grasen zu gehen. Und wenn er sich auf diese Weise gestärkt hatte, dann würde er die Suche nach den verschwundenen Freunden fortsetzen. Irgendwo mussten sie doch sein!

In gemütlichem Trott marschierte er den Küstenpfad hoch zu Weide Nummer drei. So viele Erinnerungen. Im benachbarten Wäldchen, das längst einem Kunststeinplatz gewichen war, hatte er Max und Alfa damals kennengelernt, abgesehen von ihm selbst die Einzigen aus dem Gelege, die den wilden Ritt vom Strand hoch überlebt hatten.

Nach seiner Flucht aus der Bruthöhle hatte Karl die erste Zeit am Rand des Mangrovengürtels im Schutz des Unterholzes verbracht. Gefahr kam vor allem von oben, das hatte er instinktiv geahnt. Er bewegte sich so wenig wie möglich von der Stelle, knabberte Grünzeug, mampfte Wildtomaten und die herabgefallenen Früchte von Bäumen. Wochenlang war er der festen Gewissheit gewesen, der Einzige seines Geleges zu sein, der das Massaker am Strand überlebt hatte. Er wollte nirgendwohin, am liebsten wäre er auch tot gewesen. Er war wie gelähmt. Mit dem Abstand, den er heute hatte, war ihm klar, dass er damals traumatisiert gewesen war, eventuell sogar depressiv. Und er hätte vielleicht für immer an jener Stelle verharrt und wäre niemals erwachsen geworden, wenn er nicht eines Tages Gedanken vernommen hätte: zwei andere

Schildkröten, die sich unterhielten, und das nicht weit von ihm entfernt. Er war nicht allein! Karl eilte zu der Stelle, wo die Gedanken hergekommen waren. Nach eineinhalb Stunden hatte er sie erreicht: Max und Alfa.

»Hallo, wer bist du denn?«, dachte Alfa.

»Ich bin ich«, dachte Karl zurück.

Namen hatten sie zu diesem Zeitpunkt noch keine, die wurden vom Inselältesten verteilt, wenn man sein dreißigstes Jahr vollendet hatte.

»Wir sind auch ich«, dachten Alfa und Max im Chor.

»Schön, dass es euch gibt«, dachte Karl, und Alfa kicherte.

Dann stupste sie ihn an: »Guck mal da.«

Karl reckte den Kopf und sah, was die beiden anderen auch sahen. Eine Lücke im Gebüsch gab den Blick frei auf eine sattgrüne Weide, die sich den Hang hinauf bis zu einem dichten Laubwald erstreckte. Auf der Wiese verstreut lagen etwa ein Dutzend grau-braun gemusterte Felsbrocken in verschiedenen Größen. Über den Baumwipfeln sah er einen breiten Streifen Pampa, darüber von Kakteen und Gestrüpp überwucherte Lavafelder im Schatten eines geröllübersäten, grauen Berges. Ganz oben der blaue Himmel. Karls Blick schweifte wieder zurück zur Wiese. Die Felsbrocken bewegten sich. Sie hatten kräftige Beine und lange Hälse mit faltigen Köpfen oben dran. Das waren gar keine Felsen. Dort auf dieser Weide grasten Giganten. Fünf, acht, vierzehn Riesenschildkröten zählte er. Karl konnte sich nicht sattsehen an den Kolossen. Die brauchten sich vor nichts und niemandem zu fürchten. Das also war seine Zukunft. Karl freute sich darauf, auch einmal so groß und stark zu werden.

Von diesem Tag an waren Karl, Alfa und Max unzertrennlich. In sicherem Abstand folgten sie den Großen. Wenn sie zu nahe kamen, wurden sie vertrieben. Das machte Sinn, Jungschildkröten mussten offenes Gelände meiden und wenn möglich im Unterholz bleiben, damit Bussarde und Falken sie nicht erwischten.

In der Trockenzeit wanderte der ganze Trupp auf die Weiden am Berghang, wo die schmackhaften Süßgräser wuchsen, in der feuchten Jahreszeit reiste man zurück zu den tiefer gelegenen üppigen Wiesen. Die Wege, die sie nahmen, waren immer die gleichen, uralte Schildkrötenstraßen, über Jahrtausende ausgetreten. Jedes Jahr dieselbe Routine. Die drei hielten sich am Rand der Gruppe, versuchten aber trotzdem, die Gedanken der Großen zu erhaschen. Am meisten lernten sie vom alten Hans, der behauptete, er sei über 500 Jahre alt, worüber die anderen Erwachsenen nur lächelten. Da Hans es nicht mehr schaffte, das Tempo der Gruppe zu halten, fiel er regelmäßig zurück. Während seiner Verschnaufpausen erzählte er bereitwillig aus seinem langen Leben und warnte vor Gefahren. Die nämlich lauerten nicht nur in der Luft, sondern auch am Boden. Rattenteufel, Katzenteufel und Hundeteufel stellten den jungen Schildkröten nach. Sie hätten sehr viel Glück gehabt, dass ihr Gelege nicht einem Rattenteufel zum Opfer gefallen wäre, erklärte Hans. »Schon lange hat keine Schildkröte mehr ihr erstes Jahrzehnt überlebt. Der Jüngste des Clans ist der schöne Marc, und der ist auch schon fast sechzig.« Früher, als der alte Hans noch jung gewesen war, da hätte es diese Teufel nicht gegeben, erst seit zwei, drei Generationen machten die kleinen Monster die Insel unsicher. »Sie sind mit den Riesenolmen gekommen, über das Meer!«

Laut Hans waren es die Olme, die alles durcheinandergebracht hatten. Bei der Ankunft der ersten Olme habe es hier viel mehr Schildkröten gegeben, einige Hundert, nicht bloß das Anderthalbdutzend von jetzt.

»Was sind denn Olme?«, wollten die drei Jungschildkröten wissen.

Die Olme, erzählte Hans, waren in gewaltigen schwimmenden Nüssen über das Meer gekommen. Sie waren, neben Schildkröten und Seelöwen, die größten Tiere der Insel. Da sie wie eine Riesenform jener bleichen Olme aussahen, die in den krautigen Tümpeln unterhalb des Vulkans lebten, hatte man die Neuankömmlinge demselben Stamm zugeordnet. Eine Art aufrecht gehender, schwanzloser Landlurche. Genau wie ihre kleinen Cousins aus dem Tümpel hatten sie an beiden Seiten des Kopfes Kiemen. Jahrhunderte der Observation hatten allerdings ergeben, dass die neuen Olme über Lungenatmung verfügten und ihre Kiemen zu Sinnesorganen mutiert waren, offenbar um Schallwellen aufzufangen. Dafür bereitete es den Olmen anscheinend große Mühe, Gedankenwellen zu sehen oder zu hören; sie verständigten sich stattdessen durch eine primitive Geräuschsprache. Aber sie konnten gut basteln, benutzten Werkzeuge und planten im Voraus, waren also schon relativ schlau und hatten eigene Gedanken. Allerdings flitzten diese so schnell und schillernd dahin wie ein Schwarm fliegender Fische, sodass es den Schildkröten unmöglich war, einen Sinn herauszulesen.

Etwa zwanzig Olme waren eines Tages auf der Insel gelandet, sie waren in einer walfischgroßen Nussschale über das große Meer gekommen. Die Nussschale wurde angetrieben durch Windkraft, die von einem Segel aufgefangen wurde, die gleiche Antriebsart, wie man sie auch bei den großen lila Quallen, die manchmal angespült wurden, beobachten konnte.

Wie ihre aquatischen Verwandten schienen auch die neuen Olme Fleischfresser. Sofort nach ihrer Ankunft hatten sie damit begonnen, Jagd auf Robben, Vögel und leider auch Schildkröten zu machen. Dann hätten sie Feuer entfacht, was natürlich vollkommen verantwortungslos war, gerade in der Trockenzeit, und die toten Tiere darüber gegrillt.

Karl, Alfa und Max erschauerten. Feuer! Ganz großes Tabu.

Die ersten Olme waren nicht lange geblieben. Nachdem sie aufgegessen und sich ausgeruht hatten, waren sie wieder in ihre Nussschale geklettert und davongesegelt. Allerdings hatten sie einige Riesenschildkröten mitgenommen, lebend. Sie waren wohl auf den Geschmack gekommen. Aus der Tatsache, dass sie die Schildkröten lebend mitnahmen, hatte man deduziert, dass diese als Proviant dienten, und daraus wiederum, dass die Olme eine ziemlich lange Rückreise in ihre Heimat, das Land der Riesennüsse, vor sich hatten. Das hatte Hoffnung gemacht, dass man diese komischen Kreaturen niemals wiedersehen müsse. Aber weit gefehlt. Kaum zehn Jahre später legte erneut eine olmische Halbnuss an, nein, diesmal sogar zwei.

»Bald kamen immer mehr und immer häufiger Olme auf die Insel«, erzählte Hans. »Sie töteten nicht nur Tiere, sondern sammelten auch Nüsse und Früchte und füllten schildkrötenpanzergroße Nussschalen mit frischem Quellwasser.«

Demnach waren sie keine reinen Fleischfresser, aber das machte es auch nicht besser. Die Rattenteufel waren in den schwimmenden Nüssen mitgereist und breiteten sich in rasendem Tempo auf der Insel aus, während die einheimischen Reisratten, allesamt harmlose Gesellen, ebenso schnell ausstarben.

Schließlich begannen auch Olme auf der Insel zu nisten, in bizarren Wohngebirgen, die sie aus Stein oder Holz zusammenklebten. Mit den Olmsiedlern kamen die ersten Hunde- und Katzenteufel. Hundeteufel jagten tagsüber, Katzenteufel vor allem nachts. Erwachsenen Schildkröten konnten sie nichts anhaben, aber der Nachwuchs wurde furchtbar dezimiert.

Und dann die Ziegenteufel. Das waren zwar Pflanzenfresser, aber sie schienen in einer Art Symbiose mit den Olmen zu leben und wurden von diesen beschützt und gehütet. Man war vollkommen machtlos gegen diese mächtige Koalition.

Die aggressiven Ziegenteufel hatten nacheinander die Weiden Nummer eins, Nummer zwei, vier und sechs besetzt. »Und wir Riesenschildkröten mussten sehen, wo wir bleiben!«

Zum Glück konnten Schildkröten bis zu ein Jahr ohne Essen überleben, aber ein Spaß war das selbstverständlich nicht. Zum ersten Mal lernten die einstigen Herrinnen der Insel, was Hungern bedeutet.

Ganze Wälder wurden von den Olmen gerodet oder niedergebrannt und durch Felder ersetzt, auf denen die umtriebigen Lurche ihre Nahrungspflanzen anbauten. Leckere neue Sorten waren darunter: Mais, Kürbisse, Gurken. Und Riesentomaten, viel roter und fruchtiger als die einheimische Sorte. Allein, die Olme teilten nicht gern und vertrieben oder töteten jedes Tier, das ihren heiligen Feldern zu nahe kam. Von einem einzelnen Olm drohte einer erwachsenen Riesenschildkröte keine Gefahr. Aber ein halbes Dutzend, die konnten eine Schildkröte einfach davontragen, in eine Schlucht werfen oder bei lebendigem Leibe im Panzer kochen. Nach einigen Jahrzehnten Olm- und Teufelinvasion waren kaum hundert Schildkröten übrig. Andere Tierstämme waren ganz verschwunden.

Olme schienen fast nie zu schlafen, wohingegen 16 Stunden Schlaf pro Tag doch die Grundlage für ein gesundes und balanciertes Schildkrötenleben waren. Vielleicht waren die Olme aus Schlafmangel so nervös und paranoid. Man hoffte allgemein, dass der vermehrte Kontakt mit einer hoch entwickelten Schildkrötenpopulation sie etwas voranbringen würde. »Und es ist tatsächlich längst nicht mehr so schlimm wie in meiner Jugend«, musste Hans zugeben. Die Olme hatten sich mittlerweile bequem auf der Insel eingerichtet und produzierten genug Nahrung, sodass sie keine Schildkröten mehr fraßen. »Von den anderen Neuankömmlingen kann man das leider nicht behaupten!«

Während er auf Wiese Nummer drei vor sich hin graste, dachte Karl daran, wie er zum ersten Mal Olme gesehen hatte, neun Jahre alt war er da gewesen. Sie waren im Endeffekt wirklich nicht so schlimm. Neugierig waren sie, das ja. Und sehr zutraulich. Hinter einem Busch versteckt hatten Karl, Alfa und Max beobachtet, wie eine Olmfamilie sich dem Trupp der Riesenschildkröten näherte. Ein Elternpaar mit drei Larven in verschiedenen Größen. Die Jungtiere hatten die großen Schildkröten gestreichelt und sich auf ihre Panzer gesetzt. Die erwachsenen Olme hatten Salatblätter und anderes Gemüse dabei, womit sie die Schildkröten fütterten. Hatte der alte Hans geflunkert? Diese Wesen schienen doch ganz sympathisch zu sein, etwas verspielt, könnte man sagen, aber vollkommen harmlos. Es wirkte fast, als würden sie den Riesenschildkröten huldigen und Opfergaben in Form von Essen darbringen.

Ein gewisser Zivilisationsprozess war also durchaus zu vermelden. Es sah ganz so aus, als seien die Olme von Fressfeinden zu Freunden geworden, was sicher dem positiven Einfluss der Riesenschildkröten zuzuschreiben war, die regelmäßig kluge Gedanken und gute Ideen in Richtung der Olmsiedlungen schickten. Vielleicht würden die Köpfe der Olme auf diese Weise eines Tages aufgeräumter und ihre Gedanken lesbar werden.

Die Teufel dagegen, die besserten sich nicht. Das einzig Gute war, dass sie sich auch untereinander bekämpften: Katzenteufel machten Jagd auf Rattenteufel, und Hundeteufel jagten Katzenteufel.

Nach Karls Geburt sollte es 24 Jahre dauern, bis wieder ein Gelege den Hunger der Rattenteufel überlebte, und daraus kamen Anna und Adam hervor. Und nun waren diese zwei seit Tagen verschwunden, beide zugleich, was besonders mysteriös war. Hatten sie einen Unfall gehabt? Waren sie in eine Schlucht gefallen? Karl war bereits drei Viertel der Schildkrötenwege abgegangen, aber nirgends fand sich eine Spur von ihnen. Hatten Olme ihre Finger im Spiel?

Ein Unfall war nicht auszuschließen. Olme waren zwar nicht generell bösartig und machten keine Jagd mehr auf Schildkröten, allerdings verursachten ihre skurrilen Aktivitäten Unfälle, denen immer mal wieder Schildkröten zum Opfer fielen. Sie waren halt von sehr ungeduldigem Wesen und mussten alles forcieren. So hatten sie die ganze Insel mit Kunststeinwegen durchkreuzt, statt einfach über Jahrtausende Pfade auszutrampeln, wie die Schildkröten es getan hatten. Okay, Olme hatten eine kürzere Lebensspanne und dementsprechend weniger Zeit.

Auf ihren Kunststeinstraßen waren sie dann geschäftig hin und her gelaufen oder auf Pferdetrotteln auf und ab geritten. Noch so eine sinnlose Tierart, die von den Olmen eingeschleppt worden war. Sie saßen auf den Rücken der Pferdetrottel oder in viereckigen Nüssen mit Rädern, die von ein paar der vierbeinigen Trottel gezogen wurden. Dafür, dass sie einerseits so fleißig waren, konnten Olme andererseits ganz schön faul sein und ließen sich beschwerliche Arbeiten, wie zum Beispiel Fortbewegung, gern von anderen, noch dümmeren Tieren abnehmen. Pferdetrottel waren Pflanzenfresser, extrem schreckhaft und dementsprechend ungefährlich. Nur wenn man unter ihre Hufe geriet, dann konnte es mit schweren Verletzungen oder sogar dem Tod enden.

Einige Schildkröten hatten dafür plädiert, statt der alten Wege die neuen Straßen der Olme zu nutzen, sie waren so praktisch und breit. Aber nachdem es zu ein paar schweren Zusammenstößen gekommen war, kehrte man rasch wieder auf die eigenen Pfade zurück.

Karl hatte ausgegrast, und ihm blieben noch ein paar Stunden, die Suche fortzusetzen, bevor es dunkel wurde. Er wollte es bis zum Abend zur Weide Nummer vier schaffen, die etwas höher lag, und dort übernachten. Weide Nummer vier war längst wieder freies Schildkrötenland. Die Ziegenteufelbesatzung war nämlich Geschichte, die Olme hatten offenbar das Interesse an den übel riechenden, verfilzten Geschöpfen verloren und ihren Fehler eingesehen. Zur Wiedergutmachung hatten sie den Schildkröten die okkupierten Wiesen zurückgeschenkt. Außer Weide Nummer eins, da war ein Olmnistplatz mit Dutzenden von steinernen Brutkästen entstanden.

Karl bog auf die Schildkrötenstraße A4 ab, auch Ananasallee genannt, von der parallel dazu verlaufenden Olmstraße nur durch einen gelblichen Grünstreifen getrennt. Ab und zu brummte ein rollender Stein vorbei, eine Wolke stinkenden Qualms hinter sich lassend. Moderne Olme bewegten sich heutzutage vorzugsweise in rollenden Steinen fort. Pferdetrottel sah man kaum noch, sie waren wohl selbst den Olmen zu doof geworden. Die rollenden Steine hatten allerdings viele Schildkröten und andere Tiere das Leben gekostet. Dieses neue Fortbewegungsmittel war vor etwa hundert Jahren aufgekommen. Die Olme schienen sich von der Nusskultur weg und zu einer Steinzivilisation hin zu entwickeln. Die rollenden Artefakte hatten farbenfrohe glatt polierte Oberflächen, die teils durchscheinend waren. Sie wurden wohl durch eine Art Feuerstelle im Inneren angetrieben, das würde zumindest den Schornstein erklären, der zwischen den Hinterrädern rausguckte. Für Schildkrötenbegriffe spielten Olme viel zu viel mit dem Feuer. Das war gefährlich, wie der alte Hans nicht müde wurde zu mahnen. Man erinnere sich nur an die Zivilisation der Knuffeldrachen, die durch allzu sorglosen Umgang mit dem Feuer untergegangen war und damit Platz gemacht hatte für die Weltherrschaft der Dinodödel. Die ihrerseits Jahrmillionen später von einem besonders hartnäckigen Grippevirus ausgelöscht wurden.

So richtig war noch niemand dahintergekommen, wie die rollenden Steine der Olme funktionierten, am besten hielt man sich von ihnen fern. Gelegentlich wurde man Zeuge eines spektakulären Unfalls ohne Schildkrötenbeteiligung: zwei rollende Steine, die ineinanderkrachten und explodierten, oder ein Olm verlor die Gewalt über seinen Stein und donnerte gegen einen Baum. Das ließ darauf schließen, dass die Olme dieses Fortbewegungsmittel noch nicht richtig im Griff hatten. Das Hauptproblem war wohl die irre Geschwindigkeit der rollenden Steine, die sich anscheinend nicht richtig drosseln und auf Schritttempo herunterfahren ließ.

Na ja, einfallsreich, wie sie waren, würde es den Olmen sicher irgendwann gelingen, rollende Steine zu basteln, die in Schildkrötentempo dahinglitten, und dann wären die schaurigen Unfälle Geschichte.

Kurz vor Einbruch der Dunkelheit erreichte Karl Weide Nummer vier mit den vielen bunten Dessertblumen. Die netten Olme hatten sogar einen Zaun drum herumgebaut, um Unbefugte von dem alten Schildkrötenterritorium fernzuhalten. Mit dem Kopf stieß Karl das angelehnte Gatter auf und betrat die Wiese. Er hatte sie heute Abend ganz für sich allein.

Allein ... Nun drohte wieder Traurigkeit ihn zu übermannen.

Und dagegen halfen nur gutes Essen und eine Mütze voll Schlaf. Nachdem er ein paar Blumen gefuttert hatte, suchte Karl sich eine weiche Kuhle, zog Kopf und Gliedmaßen in den Panzer hinein und gab sich unterhaltsamen Träumen hin. Zurück in die Jugendzeit träumte er sich, als die Welt noch halbwegs intakt und er nicht so einsam war.

Karl, Alfa und Max hatten ihre ersten dreißig Jahre bis zum Namenstag unbeschadet überstanden. Ganz ohne Schreckmomente war es natürlich nicht abgelaufen. Vor allem Max brachte sich mit seiner tollkühnen Art ein ums andere Mal in Schwierigkeiten. Einmal wäre er fast den Hundeteufeln zum Opfer gefallen. Es war an einem Abend passiert, als die Gruppe unterwegs zum Schlafplatz an einem kleinen Olmnest vorbeiwanderte. Zur Siedlung gehörte ein schöner Garten mit Salatköpfen und anderem Gemüse, in ordentlichen Reihen angeordnet. Bevor jemand ihn stoppen konnte, war Max losgesprintet, quer durch den Garten hindurch, und schon nach einer halben Stunde hatte er die Salatbeete erreicht.

»Tabu«, dachten die Alten warnend, »Olmgärten sind total tabu.« Und da war Max auch schon von Hundeteufeln umzingelt, ein großer schwarzer und zwei etwas kleinere mit Schlappohren. Max drehte sich panisch im Kreis herum, während die Bestien knurrend und mit gefletschten Zähnen auf ihn losgingen. Sein Lebensweg schien hier zu Ende. Aber da marschierte der ganze Clan wie *eine* Schildkröte breitbeinig und fauchend auf die Hundeteufel zu. Eine Wand aus zu allem entschlossenen Schildpatt rückte vor. Die Hundeteufel wandten sich von Max ab und bellten die Schildkröten an. Doch die großen Schildkröten ließen sich keine Angst einjagen. Sie rempelten die Hundeteufel an, schoben sie beiseite und bildeten einen Kreis um Max. Köpfe und Gliedmaßen verschwanden in den Panzern, und dann warteten sie einfach so lange, bis die bellenden Teufel der Belagerung müde wurden. Die Hundeteufel sprangen gegen die Riesenpanzer, konnten sie jedoch nicht zum Umkippen bringen. Der Größte der drei biss sich sogar einen Zahn aus und zog heulend von dannen. Danach gaben die beiden Kleinen ebenfalls auf, und die Gruppe ruhte noch ein wenig aus, bevor sie sich auf den Weg machte, mit Max in der Mitte. Das war eine heilsame Lektion für alle gewesen. Tabus waren Tabus, und damit basta.

Vom alten Hans lernten Karl, Alfa und Max alles, was eine Riesenschildkröte wissen muss. Mit der Zeit redete er allerdings immer wirrer, das musste man sich eingestehen. Er wiederholte auch oft Sachen, die er ihnen schon erzählt hatte. Wenn die drei sich darüber beschwerten, erklärte Hans, Wiederholung sei ein altbewährtes pädagogisches Mittel. Das gesammelte Wissen der Schildkröten war enorm, schließlich gab es sie seit Hunderten von Jahrmillionen. Ihr Stamm hatte bereits in einem sehr frühen Zeitalter die totale Perfektion erreicht und sich daher nicht mehr verändern müssen. Andere Tierreiche blühten auf und vergingen, während die Schildkröten zusahen und blieben, in ewiger Harmonie mit der universellen Schildkrötenform, die allem zugrunde lag. Die Welt, auf der sie lebten, war eine große Schildkröte aus Stein und Lava. Sogar auf der Unterseite der Weltschildkröte lebten Tiere, allerdings in ewiger Dunkelheit. Vielleicht waren die Olme von da hergekommen und hatten hier auf der Insel ihren Platz im Licht gesucht und gefunden, wer konnte es ihnen verübeln. Rattenteufel und Konsorten hätten sie aber ruhig auf der dunklen Seite lassen können.

Tagsüber spazierte die feurige Sonnenschildkröte den Himmel entlang, die brannte, ohne zu verbrennen, nachts die bleiche Mondschildkröte, die mit ihrem Atem das Meer anzog und wieder losließ, was für Ebbe und Flut sorgte. Dann gab es noch die kleinen Sternschildkröten, die am Nachthimmel das Auge erfreuten und niemals zu wachsen schienen.

Nachdem der alte Hans anhand des Sonnenstandes, der Konstellation der Sternschildkröten, des Salzgehalts der Luft und vieler anderer Faktoren berechnet hatte, dass es auf den Tag genau dreißig Jahre her war, seit sie die Eierschale durchbrochen hatten, wurden Karl, Max und Alfa, mittlerweile zu stattlicher Größe angewachsen, vom Clan einberufen. Den Vorsitz hatte die strenge Carla, die sie stundenlang abfragte. Aber Hans hatte sie gut gecoacht, und so wussten sie auf fast alles eine Antwort. Danach wurden sie untersucht, um das Geschlecht festzustellen. Karl und Max waren Eierleger, Alfa Samenspenderin. Der kleine Unterschied war, dass Samenspenderinnen einen Penis hatten, Eierleger keinen. Um Nachwuchs zu produzieren, mussten ein Eierleger und eine Samenspenderin eine Partnerschaft eingehen und kopulieren. Karl war ganz froh, ein Eierleger zu sein. Sie hatten die Großen oft beim Sex beobachtet, um zu lernen, wie es ging, wenn die Reihe mal an ihnen sein würde. Sich paaren wollte schließlich gelernt sein. Wie kollidierende Gebirge hatte das ausgesehen und auch so geklungen. Die Samenspenderin musste von hinten auf den Eierleger draufklettern und ihren Penis irgendwie in seine Kloake bugsieren. Das konnte dauern. Und es sah ganz schön mühsam aus. Da war die Rolle des Eierlegers doch die gemütlichere, hatte Karl gedacht. Man durfte sich nur nicht mit einer Samenspenderin zusammentun, die viel größer war als man selbst, sonst wurde man geplättet. Was Karl damals nicht geahnt hatte, war, dass der Job der Samenspenderin nach der Kopulation zu Ende war, wohingegen Eierleger die Eier austragen, die Bruthöhle am Strand graben, die Eier in die Bruthöhle legen und die Bruthöhle am Ende mit Sand abdecken mussten. Eine Mordsarbeit.

Karl hatte sich die hübsche Ava als Partnerin ausgeguckt, sie war noch keine hundert und gar nicht mal so viel größer als er selbst. Solange er nicht zu langsam weiterwuchs und Ava nicht zu schnell, würden sie in ein paar Jahrzehnten gleich groß sein, und dann stand einem gepflegten Paarungsakt nichts im Weg.

Die Sonne stand schon hoch am Himmel, als Karl aufwachte. Hatte er wieder von der hübschen Ava geträumt? Er betrachtete den verblassenden Traum, der wie Dunst über seinem Kopf hing, noch ein wenig. Dann naschte er ein paar Blüten und Blätter und machte sich auf den Weg. Er nahm die Guavenpassage, sie führte direkt zur A1, die ihrerseits an der Küste entlang bis zur größten Siedlung der Olme führte, die von den Schildkröten »Der Haufen« genannt wurde. Etwa zwei Tage würde Karl bis dorthin brauchen. Dann hatte er die Insel einmal umrundet. In den höheren Lagen nach Anna und Adam zu suchen, machte keinen Sinn, es war ja die feuchte Jahreszeit.

Wenn er von hier bis zum Haufen kein Zeichen von den beiden fand (ob Lebenszeichen oder Zeichen ihres Ablebens), dann würde er aufgeben müssen. Viel Hoffnung hatte er ohnehin nicht mehr. Und mit den beiden verschwand auch die letzte Chance für die Riesenschildkröten, noch einmal Nachwuchs zu bekommen und auf der Insel zu überleben. Es war zu schade. Karl hatte sich schon so darauf gefreut, neuen Dreißigjährigen ihre Namen zu geben. So viele Namen hatte er sich ausgedacht, in den Jahren, seit er Inselältester war. Jetzt lagen sie alle brach in seinem Kopf herum und würden niemals von einer neuen Generation Schildkröten getragen werden.

Der alte Hans war kurz nach Karls Namenstag verstorben, ohne erkennbaren Grund. Weder war es ein Unfall, noch waren Olme oder andere Tiere schuld. Er war einfach eines Tages stehen geblieben und nicht mehr weitergegangen. Als ob irgendwas nicht mehr funktionieren würde in ihm drin.

Die anderen hatten auf ihn eingeredet, auch Witze gerissen, wie immer, aber Hans schien nur noch einen Gedanken zu haben: »Müde ... so müde ...«

Und dann war er wirklich eingeschlafen, für immer, mitten auf der A2, auf dem Weg zu den Hochweiden. Das war ein Schock für alle. Schildkröten wurden nie krank und starben auch keines natürlichen Todes, immer hatte es eine Ursache: Unfall oder Raubtier. Daher konnte man es ja auch langsam angehen lassen mit der Fortpflanzung und betrieb keine Brutpflege. Man stelle sich vor, all die kleinen Racker aus den Gelegen würden tatsächlich überleben, es wäre bald kein Platz mehr auf der Insel. Darum musste man die Eier sich selbst überlassen. In der aktuellen Situation, mit der Olmproblematik und den gierigen Teufeln und allem, war das eventuell ein Nachteil. Bei Hans' Tod war es längst klar, dass die Schildkröten ein Nachwuchsproblem hatten. Aber Brutpflege war nun mal verboten, ganz großes Tabu. Und alle paar Jahre tauchten ja mal wieder Jungtiere auf und machten Hoffnung, dass es weitergehen würde.

Wie Anna und Adam, die sich gut entwickelt hatten. Für die beiden war es vielleicht von Vorteil gewesen, dass der alte Hans gegangen war und sie von einem jüngeren Inselältesten erzogen wurden, der etwas frischer im Kopf war.

Der grüne Franz trat die Nachfolge vom alten Hans an. Der grüne Franz hieß so, weil sein Panzer mit einer Art Moos überwachsen war, von dem er nicht zuließ, dass die anderen Schildkröten es abfraßen. Er gefiel sich eben so. Gut für Karl: Franz war mit der hübschen Ava zusammen gewesen, aber weil ihm seine neuen Ältestenpflichten keine Zeit für eine ernsthafte Partnerschaft ließen, wurde er wieder Single, und Ava war frei. Trotzdem sollte es noch Jahrzehnte dauern, bis Karl sich traute, ihr einen Antrag zu machen.

Die Zeit verging wie im Flug, bald nahte der fünfzigste Geburtstag von Karl, Max und Alfa, der Tag, an dem sie das Adjektiv zu ihrem Namen bekommen würden und damit endgültig richtige erwachsene Schildkröten waren.

Im Vergleich zum Namenstag verlief der Adjektivtag recht unzeremoniös. Trotzdem hatte Karl dem großen Moment wochenlang entgegengefiebert und war im Geist alle Adjektive durchgegangen, die für ihn infrage kamen: Der coole Karl. Der kluge Karl. Der kecke Karl. Der kühne Karl ...

Dann war es so weit. Die strenge Carla trommelte den Clan zusammen und versammelte die drei vor sich:

»Alfa. Du bist so schlau. Darum nennen wir dich: Die schlaue Alfa.«

Alle Schildkröten nickten beifällig. Das stimmte wirklich. Alfa war äußerst schlau.

»Karl. Du bist so ein braver Junge. Darum nennen wir dich: Der brave Karl.«

»Brav? Meint die mich?«, dachte Karl.

»Bin nicht brav!«, wollte er aufmüpfig zurückdenken, doch die strenge Carla bedachte ihn mit einem strengen Blick, und er senkte brav den Kopf, während die anderen Schildkröten bekräftigend mit den Vorderfüßen auf den Boden klopften: Er ist wirklich ein Braver, unser Karl.

Max bekam den Beinamen »Der Schnelle«, und damit war auch das erledigt. Sie waren endlich erwachsen.

Die Guavenpassage führte ein Stück bergauf, ab dann ging es nur noch abwärts bis zur A1. Oben angekommen, machte Karl eine Pause, um zu kacken. Ein paar Dummfinken saßen auf einem benachbarten Baum und sahen ihm dabei zu. Dummfinken waren derart dumm, dass man nicht mal sicher war, ob es sich überhaupt um Tiere handelte und nicht eher um eine Art zwitscherndes Obst. Aber folgsam waren sie, und anpassungsfähig. Darum hatten die Schildkröten sie vor langer Zeit domestiziert.

Als hirnlose Putzkolonne leisteten sie seither gute Dienste. Nachdem er fertig gekackt hatte, legte Karl sich auf den Weg und streckte Kopf und alle viere so weit von sich, wie es ging. »Einmal Grundreinigung«, kommandierte er, »Kloake inklusive.« Sofort kamen drei Dummfinken angehüpft und pickten ihm Dreck und Parasiten vom Panzer und aus allen Ritzen.

Darüber musste er wohl eingeschlafen sein. Als er wieder aufwachte, waren die Dummfinken weg. Er weidete ein wenig am Wegrand und begann den langen Abstieg Richtung Küstenstraße, sehr eilig hatte er es nicht. Je schneller er den Haufen erreichte, desto schneller würde er Gewissheit haben, dass er die letzte Riesenschildkröte auf der Insel war.

Irgendwie war es natürlich schon abzusehen gewesen. An Karls hundertstem Geburtstag hatte der Clan nur noch aus elf Schildkröten bestanden: die strenge Carla, der grüne Franz, die hübsche Ava, der schöne Marc, der lange Alf, die dünne Lara, der starke Ralf, die schlaue Alfa, der junge Adam, die neue Anna und er selbst: der brave Karl.

Der schnelle Max hatte seinen Hundertsten nicht erlebt, er war in eine Schlucht gestürzt, und niemand hatte ihn retten können. Es war auf dem Weg zu den Hochweiden gewesen, beim Drusenkopfsteg. Die Drusenköpfe unten in der Schlucht hatten irgendetwas Abfälliges über die Schildkröten gedacht, und Max hatte Frechheiten zurückgedacht. Dabei war er zu nah an den Abgrund geraten. Ohne einen Halt zu finden, war er bergabwärts gepurzelt, und unten war sein Panzer in tausend Stücke zerborsten. Die Drusenköpfe blickten entschuldigend nach oben. Das hatten sie nicht gewollt. Karl und Alfa hatten noch lange an der Stelle verharrt und auf ihren toten

Freund geblickt, als würde ihn das wieder lebendig machen. Aber es half alles nichts. Irgendwann waren sie weitergezogen, dem Rest des Clans hinterher. Als sie am Ende der Trockensaison auf demselben Weg zurückkamen, waren nur ein paar ausgebleichte Panzerfragmente und Knochen von Max übrig. Drusenköpfe waren keine zu sehen.

In den nächsten Jahrzehnten ging eine Schildkröte nach der anderen, und kein Jungtier erreichte das dreißigste Jahr. Alfa wurde von einem umstürzenden Baum erschlagen, ein rollender Stein tötete den schönen Marc, der grüne Franz wurde bei einem Sturm ins Meer gespült, und Karls Partnerin Ava hatte vergiftetes Gemüse von einem Olmfeld gefressen und war an Bauchschmerzen gestorben. In den letzten fünfzehn Jahren waren Adam und Anna seine einzige Gesellschaft und Hoffnung auf ein Weiterbestehen der Schildkrötenpopulation gewesen. Doch irgendwie hatte es, trotz der guten Ratschläge, die Karl ihnen gab, bei den beiden nie mit Nachwuchs geklappt.

Nach zwei Tagen trübseligen Wanderns erreichte Karl den Haufen unten an der Küste. Hunderte von Olmen lebten dort. Hier war der Ausgangspunkt seiner Suche gewesen: das Reservoir. Am Rand des Haufens hatten die Olme nämlich eine Art Tierreservoir gebastelt, wo sie seltene Tiere aufbewahrten. Pinguine lebten dort, Meerechsen, Drusenköpfe, sogar Dummfinken. Und eine Wiese mit einem kleinen Teich in der Mitte gab es, wo die Schildkröten willkommen waren. Adam und Anna hatten viel Zeit dort verbracht, nicht zuletzt weil die Olme sie mit Futter geradezu überschütteten. Sogar übernachtet hatten sie manchmal dort. Karl hatte den Ort allerdings stets gemieden. Er traute den Olmen nicht hundertprozentig. Was, wenn man dort übernachtete, und am anderen

Morgen war man eingesperrt? Am Ende des Tages waren ja alle Tiere, die dort lebten, eigentlich Gefangene. Und irgendwann würden die Schildkröten auch zu Gefangenen werden. Nein, dafür liebte Karl seine Freiheit zu sehr.

Hier hatte er zuerst gesucht, aber keine Spur von Anna und Adam gefunden. Auch jetzt war die Wiese leer bis auf ein paar Enten am Teich.

Dann war's das also gewesen. Alles aus. Karl trottete fort vom Haufen, in Richtung Küste. Auf dem Weg dorthin überquerte er die breite Olmstraße, wo alle paar Tage ein fliegender Delfin landete oder startete. Der fliegende Delfin war kein Lebewesen, sondern ein weiteres rätselhaftes Olmartefakt. Damit konnten sie durch die Luft reisen, wozu auch immer. Aber halt!

Hier nahm er etwas wahr, ganz schwach. So schwach, dass er die Gedankenreste weder sehen noch hören konnte, er roch sie nur ganz leicht. Aber es war klar: Adam und Anna waren hier gewesen. Vor mehreren Tagen. Karl roch einen Hauch von Angst und Verwirrung. Die Spur begann und endete hier auf dem Kunststeinstreifen. Und das konnte nur eines bedeuten: Die beiden waren von den Olmen in einem fliegenden Delfin fortgeschafft worden.

Er hatte es gewusst! Olmen war nicht zu trauen.

Geschichten über Entführungen durch Olme hatte es bereits gegeben. Aber sie galten als Märchen. Die dünne Lara war einmal wochenlang verschwunden gewesen, und als sie zurückkehrte, hatte sie erzählt, sie sei von den Olmen an einen seltsamen Ort weit entfernt gebracht worden. Dort gab es andere Riesenschildkröten, und sie sei zur Kopulation mit diesen gezwungen worden. Aber niemand hatte ihr geglaubt, sie hatte ja schon immer eine rege Fantasie gehabt. Wieso sollten die freundlichen Olme einer Schildkröte so etwas antun? Und so war Lara allgemein für verrückt erklärt und von den anderen gemieden worden.

Dabei hatte es gestimmt! Karl war so wütend!

Die nächsten Wochen waren traurige Wochen. Ein paar Tage hatte er noch gehofft, dass die Olme Anna und Adam zurück auf die Insel brachten, aber daran glaubte er längst nicht mehr. Warum hatten sie ihn nicht an ihrer Stelle entführt, dachte Karl? Was für einen Sinn machte es weiterzuleben?

In seiner Verzweiflung suchte er den Strand nach Schildkrötengelegen ab. Vielleicht hatte Adam ja noch Eier gelegt, vor der Entführung, man wusste ja nie.

Doch, doch, man wusste. Ihm war klar, dass er selbst so langsam verrückt wurde, und das war vielleicht das Beste.

Eines Morgens, als er mal wieder am Sand schnuppernd über den Strand streifte, stand auf einmal sein Freund Jack, die Meerechse, vor ihm. Seine Gedanken wehten zu Karl herüber: »Eier ... Nest ... Eier!«

Karl blickte auf: »Wo?«

Jack lief vor ihm her, und Karl folgte. Sie kamen zu einem Wäldchen unweit einer Olmsiedlung. Jack sprang aufgeregt auf und ab, und da sah Karl es: ein Gelege. Elf schöne schneeweiße Eier.

In einer Mulde unter den Bäumen. Nicht abgedeckt, sehr verantwortungslos, das.

Aber waren das überhaupt Schildkröteneier?

Karl überlegte fieberhaft. Wie sahen Schildkröteneier gleich noch mal aus?

Dann kam ihm die Erkenntnis: Er wusste es nicht!

Sechs-, nein, siebenmal hatte er Eier gelegt in seinem langen Leben, aber wie sie aussahen, keine Ahnung. Wie auch? Man grub eine Mulde, presste die Dinger aus der Kloake –

plopp, plopp, plopp! –, man schaufelte eiligst mit den Hinterbeinen Sand drüber und klopfte mit den Vorderbeinen gut fest. Da drängte die Zeit, man konnte sich das Ganze nicht in aller Ruhe angucken.

Dann waren es vielleicht wirklich Schildkröteneier? Positiv denken, dachte sich Karl.

Vögel betrieben Brutpflege, also konnten es kaum Vogeleier sein. Außer das Elterntier war kurz mal weg, um Essen zu holen. Das würde er herausfinden, er wartete einfach ab.

Den ganzen Tag lang harrte Karl bei den mysteriösen Eiern aus, doch niemand erhob Anspruch darauf. Nun wurde es Nacht, und Karl war müde.

Längst hatte er die Eier mit einer Schicht lockerer Erde abgedeckt. Gegen Rattenteufel würde das kaum helfen, sagte sich Karl, die rochen die Dinger und gruben sie aus. Also musste er hierbleiben und das Gelege bewachen. Das uralte Tabu brechen. Aber es war die womöglich letzte Chance.

Was, wenn er einschlafen würde? Er hatte so einen tiefen Schlaf, er würde vielleicht gar nicht bemerken, wenn Rattenteufel sich näherten, um die Eier zu rauben. Da kam ihm eine Idee: Er würde sich einfach draufsetzen. Ja, das war's. Dann musste jeder, der die Eier stehlen wollte, an ihm vorbei. Er schaufelte noch ein wenig Erde und Zweige über das Gelege, damit die Eier nicht unter seinem Gewicht litten, und dann setze er sich ganz behutsam darauf.

Drei Tage saß Karl auf dem Gelege und bewegte sich nicht von der Stelle. Wenn er Hunger hatte, rupfte er das Grünzeug, das um ihn herum wuchs. Am vierten Tag raschelte es auf einmal unter ihm, und etwas pochte gegen seinen Bauchpanzer. Karl fuhr auf. Ein Schnabel kam zum Vorschein, noch einer, und dann wühlten sich alle elf zum Vorschein.

Schildkröten, wie er sie kannte, waren es nicht, das war schon mal klar. Sie hatten platte Schnäbel, gelbliches flaumiges Fell und nur zwei Beine statt deren vier.

Andererseits: Wie sahen frisch geschlüpfte Schildkröten aus? Karl hatte eigentlich noch nie eine gesehen. Bei der Flucht vom Strand nach seiner Geburt war alles so schnell gegangen ...

Vielleicht waren diese piepsenden gelben Dinger, die ihn aufgeregt umsprangen, ja eine Art Larvenform der Riesenschildkröte, was wusste er schon.

Diese elf waren besser als gar nichts, befand Karl.

Er betrachtete ihre Gedanken, aber da waren nur fluffige Wölkchen.

»Karl«, dachte Karl. »Ich bin Karl.«

»Karl«, wiederholten die jungen Schildkröten. »Karl ... Karl ... Essen ...«

»Das ist mal eine gute Idee«, dachte Karl.

»Aber erst«, überlegte er, »werde ich euch Namen geben.«

Besser nicht warten, bis die elf ihren Dreißigsten erreicht hatten. Karl war ja schon recht alt, und wer wusste, ob er das noch erleben durfte.

So beschloss er, ihnen allen sofort einen Namen zu geben.

Nachdem das erledigt war, wandte er sich an die Jungtiere: »Jetzt gehen wir alle erst mal schön grasen.« Damit drehte er sich um und schlug den Weg in Richtung Weide Nummer drei ein. Und Chantal, Frank, Alma, Max, Jana, Walt, Alfa, Schalk, Ada, Kaspar und Wanda watschelten im Gänsemarsch hinter ihm her.

# DINOSAURIER WAREN WENIGSTENS NACHHALTIG

*Rede anlässlich der Gründung der FSPL (Fortschrittliche Saurierpartei Luxemburg), gehalten am 31.5.2019 im Nationalen Museum für Naturgeschichte*

Meine sehr verehrten Damen und Herren Artgenossen, liebe Fossilien,

»Sind wir noch zu retten?«

Das ist die Frage, die wir uns in diesen Zeiten mehr denn je stellen.

»Wir«, damit meine ich natürlich die Menschheit, von der ich, wie Sie sicherlich bemerkt haben, selbst ein Teil bin.

Und ich für mein Teil werde das Gefühl nicht los, dass dies eine rhetorische Frage ist.

Denn erstens ist die Antwort »Nein« und zweitens »Egal«.

Ja. Es ist egal.

Es ist ihnen allen egal, den anderen, die nicht »wir« sind: den Tieren, den Pflanzen, den Steinen, dem Wasser und der Luft, dem kompletten Planeten, dem endlosen Universum.

Die kommen alle gut ohne uns klar.

Es ist dem Wasser egal, ob wir es verschmutzen oder nicht.

Es ist der Luft egal, wie sehr wir sie verpesten.

Es ist der Natur egal, dass wir unseren Müll trennen. Sie wird uns keinen Beifall dafür klatschen.

Sie wird uns, sie wird die Klimakatastrophe, und sie wird das von uns verursachte Artensterben überstehen, so oder so.

So wie sie das Aussterben der Dinosaurier, wie sie jedes andere Massenaussterben in der Erdgeschichte überlebt hat.

Und waren die Dinosaurier etwa selbst schuld an ihrem Aussterben?

Doch wohl eher nicht. Ein Meteor ist auf die Erde geknallt und hat sie alle ausgelöscht.

Und auch der hat es nicht mit Absicht gemacht. Es war bloß ein dummer Stein, der nicht wusste, was er tat.

Ohne diesen steindummen Stein aus dem Weltall würden die Dinosaurier heute vielleicht noch existieren. Und uns hätte es nie gegeben.

Und, wäre das nicht viel besser? Dinosaurier waren nicht so steindumm wie wir, oder so gierig oder so eitel.

Kein Saurier kam je auf die Idee, sich Dino sapiens zu nennen, und kein Brachiosaurus ließ sich von einem Konklave aus männlichen Jungfrauen zum Papst aller Reptilien ernennen, zum Stellvertreter des Echsengottes auf Erden.

Keine Velociraptorin hielt sich für die Queen of England, und kein Triceratops bildete sich ein, er sei der Großherzog einer Kuhweide namens Luxemburg.

Dinosaurier, die brauchten diesen ganzen Mummenschanz nicht, die hatten ein Leben.

Nennt mir *eine* Spezies, die sich für so extra, so einzigartig, so klug und schön hält, dass sie sich einen Gott ausdenkt, der sie nach seinem Ebenbild erschaffen hat.

Auf so etwas Blödes wäre keine Sau gekommen, kein Esel und kein Pfau.

Wer Ungeheuerlichkeiten wie Gott und Teufel erfindet, der hat es verdient auszusterben.

Dinosaurier dagegen, die hatten es nicht verdient zu verschwinden. Die waren wenigstens nachhaltig.

Schaut euch nur die großen Sauropoden an: Wie behutsam sie durch die urzeitliche Vegetation trampelten, sodass immer genug zarte Pflänzchen überlebten, um zu prächtigen Farnen und kräftigen Koniferen heraufzuwachsen.

Und der weise Förster, den wir Unwissenden »Tyrannosaurus Rex« schimpfen, der hat stets nachhaltig gejagt, damit allzeit genügend Entenschnabelsaurier überlebten, um den Tisch auch morgen zu decken.

Oder romantisiere ich hier etwas zu sehr?

Im Grunde ist es ist doch so:

Die Natur schert sich nicht um uns. Die Natur ist ein schlauer, alter Sozialdemokrat, der eine Zigarette nach der anderen raucht.

Die Gesetze der Natur sind sozialer Natur. Zum Wohle aller, zum Nachteil einiger weniger, die eh genug haben. Beziehungsweise von denen es eh genug gibt, also Entenschnabelsaurier.

Als der Meteorit reinkrachte und die Dinos wegputzte, da hat die Natur sich kurz geschüttelt, die Trümmer weggeräumt und noch mal ganz von vorn angefangen, mit dem Kroppzeug, das übrig war.

Und es lief.

Bald war die Party wieder voll im Gang, mit Vögeln und Fischen und Säugetieren, die fast genauso groß und schön wie Dinosaurier waren.

Und dann kam der Mensch angehirscht und begann, sich zu benehmen wie ein Luxemburger im Straßenverkehr.

Denn so ist es doch, liebe Genossinnen und Genossen: Der Mensch ist der Luxemburger unter den Tieren. Und genau wie der Luxemburger, so will auch der Mensch nicht wahrhaben, dass er vom Affen abstammt. Wobei der Affe im Fall des Luxemburgers natürlich der Deutsche ist.

Dinosaurier waren nicht wie Luxemburger oder Deutsche oder andere Nationalaffen. Dinosaurier waren tolerant. Sie haben fremde Tiere geduldet, selbst kleine Ratten, obwohl diese nicht so schön und klug waren wie sie selbst.

Dinosaurier hatten Gehirne, die gerade groß genug waren, um sich nicht für schlauer als den Rest zu halten.

Ihnen wuchs ihr Gehirn nicht über den Kopf.

Wir Menschen dagegen: Je größer unser Gehirn, desto kleiner wurde unser Herz.

Dinosaurierherzen waren groß wie Bagger, unsere Herzen sind klein wie Fäuste.

Kein Ankylosaurus hat den Kapitalismus erfunden und kein Stegosaurus den Rassismus und kein Plesiosaurus die Wasserstoffbombe. Kein Allosaurus hat je einen anderen Allosaurus als Hexe verbrannt.

Kein Flugsaurier flöge bis zum Mond, nur um einen bunten Fetzen Stoff draufzupflanzen.

Kein Dinosaurier würde haufenweise Elefanten umbringen, nicht etwa um sie zu essen, sondern um ihnen die Stoßzähne abzusägen und daraus Schachfiguren oder Elfenbeintürme zu schnitzen.

Kein Tyrannosaurier hat je Kriege um wertloses Zeug wie Geld, Gott oder Vaterland geführt.

Kein Saurier käme auf die Idee, einen anderen Saurier »Spast« zu nennen, oder »behindert« oder ....

Der Sapiens dagegen: So unbeholfen, dass er Werkzeuge braucht, um etwas zu schaffen.

So schwach, dass er Waffen braucht, um zu jagen.

So lahm, dass er Autos braucht, um vorwärtszukommen.

So verpeilt, dass er Landkarten braucht, um sich nicht zu verlaufen, dass er Highways braucht, um nach Hause zu finden, dass er Schiffe braucht, um nicht unterzugehen.

So dreckig, dass er Deo braucht, um nicht zu stinken, so heruntergekommen, dass er anderen Tieren das Fell abzieht, um nicht zu erfrieren.

So einsam, dass er Hunde für seine besten Freunde hält.

So sprachlos, dass er Handys braucht, um nicht zu verstummen.

So arm, dass er Geld braucht, um zu leben.

So doof, dass er sich von kleinen Katzen tyrannisieren lässt.


Die Dinosaurier sind übrigens gar nicht ausgestorben, nicht alle jedenfalls.

Ein kleines gallisches Dorf, nein, Quatsch, ein kleiner Stamm hat überlebt: unsere gefiederten Freunde.

Einigen Dinos sind Flügel und Schnäbel und Federn gewachsen. Und so haben sie ihr eigenes Aussterben überlebt, indem sie sich in Vögel verwandelt haben.


Uns wird das nicht passieren. Wozu brauchen wir Flügel oder Federn? Wir haben doch Räder! Und Billigflüge, die uns überall hinbringen, wo wir nicht hingehören.

Und womit werden unsere Flieger und unsere Räder angetrieben? Genau, mit Erdöl, das viel raffinierter ist als wir, aber das ist normal, denn Erdöl enthält ja fossilisiertes Dinosaurierblut.

Wie man sieht: Ohne die Dinosaurier wären wir nichts, ohne Dinosaurier gäbe es uns gar nicht.

Und wenn es uns einmal nicht mehr geben wird, kein Problem, andere werden bleiben und weitermachen, kluge Raben und schlaue Elstern, zum Beispiel. Gefiederte Dinosaurier also.

Dinosaurier sind die Zukunft, der Mensch wird bald von gestern sein.

Und damit, meine Damen und Herren, erkläre ich das Paläo-Food-Büfett für eröffnet!

# PiRANHAS DER LÜFTE

Eine Studie belegte jüngst, dass die Biomasse der Insekten deutschlandweit seit 1989 um 76 Prozent zurückgegangen ist. Dieses massive Insektensterben hat Folgen für die Pflanzenwelt und die Landwirtschaft. Aber auch insektenfressende Tiere sind vom Schwund betroffen. Immerhin stellen Kerbtiere die Hauptnahrung von 60 Prozent aller deutschen Vogelarten dar. Seit geraumer Zeit mehren sich nun aber die Anzeichen, dass einige Singvogelpopulationen sich offenbar auf das Verschwinden ihrer Hauptnahrungsquelle eingestellt haben. Sie spezialisieren sich auf andere, größere Beutetiere.

Am 20. März 2018 ging eine Rentnerin aus Ahnatal in Kassel mit ihrem Dackel Karl-Heinz im Park spazieren, als sie auf einmal Blaumeisen attackierten. »Plötzlich war alles blau. Es war ein riesiger Schwarm«, so die geschockte Frau. »Zuerst gingen sie auf mich los.«

Doch das war nur ein Ablenkungsmanöver. Während ein Teil der Meisen der alten Frau ihren ätzenden Kot ins Gesicht spritzte, griff der Rest des Schwarms den altersschwachen Karl-Heinz an und riss ihn binnen Minuten in Stücke. Als die Polizei eintraf, hing nur noch ein Dackelskelett an der Leine.

»Das Opfer sah aus wie nach einem Piranha-Angriff«, sagt der Ornithologe Nikolaus Hopf, der mit seinem Team diese und andere Attacken dokumentiert hat. Allein für 2019 haben die Wissenschaftler 44 Übergriffe durch Singvögel registriert. Eine Auswahl:

Im Januar 2019 brachen Rotkehlchen in einen Hühnerstall in Oberfranken ein und brachten in einem wahren Blutrausch 23 Hühner und einen Hahn zur Strecke.

Im März wurden bei einer Bienenfresserattacke in einem Erholungsgebiet in der Nähe von Augsburg zwei Badende leicht verletzt und ein Golden-Retriever-Welpe entführt.

Im April sprengte eine Gang marodierender Grasmücken einen Grillabend in Sachsen-Anhalt und machte sich mit den Spareribs aus dem Staub.

Im Juni kam es in Mecklenburg-Vorpommern zu wiederholten Angriffen auf weidende Tiere. »Wir hatten erst den Wolf im Verdacht«, erklärt Bauer Gunter Guntram, der bei den Angriffen vier Kühe und 13 Schafe verloren hat. Das Team von Nikolaus Hopf untersuchte die Überreste der angegriffenen Tiere und stellte anhand von Federn und Schnabelspuren fest, dass der Übeltäter ein anderer war.

»Es war die Nachtigall und nicht der Lupus«, sagt Gunter Guntram kopfschüttelnd. »Das muss man erst einmal sacken lassen. Von wegen ›gefiederte Freunde‹.«

Im September überfiel eine Allianz aus Fliegenschnäppern und Steinschmätzern einen Kebabladen in der Nähe von Regensburg. Die Tiere verursachten einen Schaden von mehreren Tausend Euro. Der Besitzer behielt den Vorfall lange Zeit für sich. Er hatte Angst, nicht ernst genommen zu werden.

»Die Dunkelziffer ist hoch«, weiß Nikolaus Hopf. Denn Angriffe durch Singvögel sind immer noch ein Tabuthema in unserer Gesellschaft. Die Betroffenen melden die Vorfälle oft nicht, sei es aus Scham, sei es aus Angst, für verrückt erklärt zu werden.

Übergriffe auf Menschen sind selten, aber sie nehmen zu. So wurde Anfang dieses Jahres ein Jogger von einem Schwarm

Zaunkönige bis zur vollkommenen Erschöpfung verfolgt und krankenhausreif gepiekst. Dass der Mann mit dem Leben davonkam, hatte er einem zufällig vorbeikommenden Förster zu verdanken, der die Vögel vertrieb.

»Bislang gibt es keine Todesfälle beim Menschen zu beklagen«, so Hopf, »aber das könnte sich schon bald ändern, wenn das Problem weiter verharmlost wird.«

Vor allem Blaumeisen scheinen über mehrere Generationen zum Super-Predator mutiert zu haben.

Hopf und sein Team haben zwei Jahre lang eine Blaumeisenpopulation in dem kleinen Mecklenburger Dorf Stiegnitz beobachtet, wo es zu besonders vielen Vorfällen gekommen war.

»Mit jeder Generation werden die Tiere ein wenig größer und stärker«, sagt Hopf. »Wir haben Blaumeisen eingefangen, die so groß wie Ferkel sind und so aggressiv wie Kampfhunde.«

Die Bewohner des Dorfes haben sich längst auf die Bedrohung eingestellt. Kinder dürfen nicht mehr draußen spielen, und der Kindergarten ist mit Stacheldraht, Vogelscheuchen und Selbstschussanlagen aus NVA-Beständen gesichert. Außerdem werden vergiftete Hackfleischköder ausgelegt.

»Der falsche Weg«, meint Hopf. »Die neueste Generation von Blaumeisen hat bereits eine Rattengiftresistenz entwickelt. Und sie sind nachtragend. Äußerst nachtragend.«

Tatsächlich scheinen die Tiere immer schlauer zu werden und ausgeklügelte Jagdstrategien zu entwickeln. Wahrscheinlich weil das Gehirn durch die proteinreiche Nahrung ständig größer wird.

Sogar der Gesang verschwindet langsam. Die Blaumeisen aus Stiegnitz singen nicht mehr, sie geben nur noch Knurr- und Grunzlaute von sich.

Mittlerweile nehmen auch die Behörden das Thema etwas ernster. So hat die Polizeidirektion Schwerin eine »Soko Piepmatz« ins Leben gerufen, die sich mit dem Vogelproblem befasst. Außerdem gibt es eine Singvogelhotline, wo Betroffene sich melden können. Auch anonym.

Dass die Attacken durch Singvögel bislang so wenig Aufmerksamkeit erregten, liegt vor allem daran, dass die Angriffe zumeist in abgeschiedenen ländlichen Gegenden geschahen. »Stadtvögel haben das Problem nicht, die finden immer etwas zu fressen«, erklärt Nikolaus Hopf. »Auf dem Land wirkt sich das Insektensterben viel stärker auf das Fressverhalten der Vögel aus.«

Allerdings wurde vor Kurzem eine 5,8 Kilo schwere Amsel in Berlin eingefangen, in deren Magen sich ein halb verdauter Waschbär befand. Man kann also davon ausgehen, dass die mordlustigen Vögel sich bald auch in die Städte ausbreiten könnten. Spätestens dann würde das Problem in den Fokus der Öffentlichkeit geraten.

»Wünschenswert wäre es«, meint auch Nikolaus Hopf. »Das hier ist ein menschengemachtes Problem, es wird so langsam Zeit, dass wir uns damit befassen.«

In anderen Regionen treibt das Singvogelproblem bizarre Blüten. In den abgeschiedenen Wäldern der Eifel, wo es mittlerweile gänsegroße Bachstelzen und Mehlschwalben von den Ausmaßen eines Flugsauriers gibt, ist ein mysteriöser Donnervogelkult entstanden. Die primitiven Dörfler errichten den Vögeln Altäre und bringen Opfergaben dar.

Bislang weiß man nur von geopferten Tieren, allerdings verschwinden in letzter Zeit immer wieder Wanderer in der Gegend, sodass man nicht ausschließen kann, dass gelegentlich auch Menschen geopfert werden.

»Religion ist keine Lösung. Wir müssen das Problem rationell angehen«, meint Nikolaus Hopf, »und zwar so schnell wie möglich.«

Der Wissenschaftler erinnert daran, dass Vögel die nächsten Verwandten der Dinosaurier sind und möglicherweise noch einiges davon in ihrem Genom steckt. »Wenn die Vögel sich auf ihr Dinosauriererbe besinnen, könnte es böse ausgehen für die Menschheit«, warnt er.

Dass er damit nicht ganz falsch liegt, zeigt ein rezenter Fund aus Süddeutschland. Im Bayerischen Wald an der Grenze zu Tschechien wurden Fußspuren gefunden, die denen eines jungen T-Rex nicht unähnlich sind. Gleichzeitig weisen gewisse Merkmale auf einen Wachtelkönig hin. Auf einen Wachtelkönig vom Gewicht eines Nashorns.

Die Bundeswehr patrouilliert in der Region rund um die Uhr, aber bislang wurde das rätselhafte Tier noch nicht gesichtet. Nikolaus Hopf äußert sich höchst besorgt: »Hoffentlich finden sie den Burschen, bevor er sie findet.«

# GEFANGEN AUF MOLESKIN II

Marathonlaufen halte ich ja für gefährlichen Unsinn. Der Mann ist schließlich gestorben, der Siegesbote, damals beim Original-Marathonlauf. Das sollte als Warnung doch eigentlich genügen. Nie wieder Marathon und nie wieder Krieg. Andererseits gibt es da jetzt diese Marathon-Light-Formeln: Halbmarathon, Viertel- oder Achtelmarathons, für die Besonnenen unter uns. Sie mindern den Verschleiß von Muskeln und Gelenken, verringern den Verlust an Körperflüssigkeit, belasten den Kreislauf nicht so sehr – kurz: Sie verhindern vorzeitiges Altern und verschlingen weniger wertvolle Lebenszeit. Die man ja weit nutzbringender zubringen kann, indem man zum Beispiel mal wieder ein schönes, dickes, altes Buch auf dem Kindle liest, exzessiv fernsieht oder einfach nur ein paar Tage im Bett liegen bleibt.

Zumindest ich hatte definitiv nicht vor, jemals bei einem Marathon mitzumachen, ob halb oder ganz. Dass es anders kam, liegt wohl an meinem gutgläubigen, ja weichherzigen Naturell.

Jedenfalls war ich recht überrascht, als mein Freund Paul mich an einem Mittwochabend anrief und fragte, ob ich immer noch dispo sei.

»Dispo?«, fragte ich. »Wofür denn?«

»Ja, weißt du denn nicht mehr, was wir letzten Samstag auf meiner Geburtstagsparty abgemacht haben? Dass du in meinem Team mitläufst, wenn einer ausfällt.«

Ich erinnerte mich vage. Wir hatten von dem anstehenden »Wir-laufen-jetzt-so-lange-im-Kreis-herum-bis-der-Krebs-weltweit-besiegt-ist-Marathon« gesprochen. Und von den verschwundenen Joggern. In den letzten Wochen waren immer wieder Jogger beim Joggen spurlos verschwunden. Während die Polizei im Dunkeln tappte, blühten die wildesten Spekulationen, sogar von Entführungen durch Außerirdische war die Rede. Viele Leute trauten sich deshalb abends nicht mehr in den Wald und liefen stattdessen wie besessen in ihrem Vorgarten, an ihrem Arbeitsplatz oder auf dem Balkon im Kreis herum. Auch Laufräder und Laufbänder erfreuten sich immer größerer Beliebtheit.

»Ja, und jetzt ist einer ausgefallen«, sagte Paul betrübt. »Der dicke Ernst war gestern im Wald joggen und kam nicht mehr zurück.«

»Der findet sich schon wieder ein«, sagte ich beruhigend.

»Es wären ja nur 4,2 Kilometer zu laufen«, sagte Paul. »Wir machen ja beim Zehntelmarathon mit. Quasi Marathon-Zero.«

»Und ich hab's wirklich, wirklich versprochen?«, fragte ich.

»Jepp. Vor Zeugen.«

»Hast du es schriftlich? Notariell beglaubigt?«

»Du hast gesagt, das sei nicht nötig, auf dein Wort könne man sich verlassen.«

»Ah«, sagte ich. Das sah nicht gut aus, das sah gar nicht gut aus.

»Aber wenn du Angst hast, von Außerirdischen entführt zu werden, kann ich auch jemand anders fragen ...«

»Jaja, ist gut«, sagte ich. »Ich fang morgen mit Trainieren an.«

4,2 Kilometer. Das waren 4.200 Meter, überlegte ich, während ich Richtung Stadtwald fuhr. 4 Millionen und 200.000 Millimeter. Unendliche Weiten. Ich parkte den Wagen und machte mich erst mal warm, indem ich eine Zigarette rauchte und ein Bierchen knackte.

Wie viel waren 4,2 Kilometer in Schritten? Wie lang war ein Schritt? Ich rauchte noch eine Zigarette und machte einen Testschritt. Etwa 50 Zentimeter, wenn man's nicht übertrieb. Ich überlegte: Wenn ein Meter zwei Schritte waren, dann waren 4,2 Kilometer ...

8.400 Schritte!

Mir wurde kurz schwindelig, und ich musste mich auf die Kühlerhaube meines Autos setzen. Hätte ich wenigstens Musik hören können, wie alle anderen. Aber mein Discman war längst verschrottet, und iPhone besaß ich keins, dieser neumodische Unsinn.

Zum Glück konnte ich viele Klassiker auswendig:

*»Rising up, back on the street*
*Did my time, took my chances*
*Went the distance, now I'm back on my feet*
*Just a man and his will to survive«*

vor mich hin singend, trabte ich los.


Ein Schritt, zwei Schritte, drei Schritte, vier ... links rechts links rechts trab trab trab ...

Nach den ersten 100 Schritten begann mir langweilig zu werden, kurz danach verzählte ich mich. Musste ich etwa wieder von vorn anfangen? Ach was, ich zählte einfach weiter: 397 und 398 und 399 ... Lief ich noch, oder ging ich schon? Bei Schritt 500 war die erste Bierpause eingeplant, ich skippte auf 499 vor, 500, uff, Pause.

Besonders gut in Form war ich offenbar nicht, dachte ich, während ich ein wenig Blut spuckte und am Bier nippte.

Umso erstaunlicher, dass die Außerirdischen aus der Schar sportlicher Menschen, die an jenem Abend durch den

Stadtwald joggten, ausgerechnet mich zur Entführung auswählten. Vielleicht waren ihnen durchtrainierte Sportler ja zu unnatürlich, und Leute wie ich entsprachen eher dem statistischen Mittelmaß, das sie für ihre Experimente brauchten.

Jedenfalls, ich wollte gerade wieder losstolpern, da verlor ich den Boden unter den Füßen, es ging immer höher hinaus, in rasender Geschwindigkeit wurde ich in das Raumschiff meiner Entführer hineingesaugt.

Eine Klappe schloss sich unter mir. Ich befand mich in einem hell erleuchteten, kreisrunden Raum. In der Mitte standen lange Tische mit allerlei Laborgerätschaften und einigen festgezurrten Gestalten darauf, die an blubbernde Katheter und bizarre, barocke, dampfende, stampfende, oszillierende Maschinen angeschlossen waren. Die Wände waren von Käfigen gesäumt, manche davon leer, die anderen mit Männern und Frauen in sportlicher Freizeitkluft besetzt, die an Müsliriegeln nagten. Von Weitem sah ich den dicken Ernst an seinen Gitterstäben rütteln: »Ich habe Flugangst«, schrie er panisch, »will wieder heim!«

Irgendjemand oder -etwas besprühte mich mit einer nach Chlor riechenden Substanz. Dann trat der Entführer vor mich. Er sah aus wie eine menschengroße, aufrecht gehende Albinomaus, in Frack und Zylinder gekleidet. Auf seiner rosigen Nase balancierte ein Zwicker, durch den rote Äuglein mich forschend betrachteten. Mit piepsiger Stimme und irgendwie osteuropäisch klingendem Akzent begann er zu sprechen:

»Willkommen auf dem Raumschiff *Elektrostal*. Ich bin Geheimrat Gorki, der wissenschaftliche Leiter dieser Expedition. Ich hoffe, Sie werden sich bei uns wohlfühlen. Wir erforschen die rätselhaften Wanderungen Ihrer Spezies und werden Sie zu diesem Zweck beringen und einige Tests an

Ihnen durchführen. Anschließend werden wir Sie eventuell wieder auf Ihrem Herkunftsplaneten auswildern.«

Ich nickte benommen. »Und diese beiden Herren«, er deutete auf eine etwas kleinere, aufrecht gehende Maus, die grünlich phosphoreszierte, und eine schweinsgroße, borstige Ratte in einem mit rostbraunen Flecken übersäten Laborkittel, »das sind Professor Podolsk und Doktor Jaroslawl, meine wissenschaftlichen Assistenten.«

»Ich werde das Subjekt jetzt beringen«, näselte Dr. Jaroslawl und befestigte dünne Metallbändchen, in die kryptische Symbole eingestanzt waren, an meinen Handgelenken.

Danach führten Podolsk und Jaroslawl mich in einen Raum, der aussah wie ein kleines Amphitheater, offenbar ein Hörsaal. Geheimrat Gorki folgte uns. Die Ränge des Amphitheaters waren mit Nagetieren und Nagetiermutationen besetzt. Am Rednerpult stand eine weitere Riesenmaus, der ein gewaltiges menschliches Ohr aus dem Rücken herauswuchs. Geheimrat Gorki wandte sich an die Maus mit dem Ohr: »Professor Schukowski, wenn ich Ihren Anatomiekurs kurz unterbrechen dürfte ...« Professor Schukowski nickte gravitätisch. Geheimrat Gorki wandte sich an die Runde: »Meine sehr verehrten Doktorandinnen und Doktoranden, was Sie hier vor sich sehen, ist ein frisches Exemplar aus unserem letzten Fang, ein terranischer Postprimat, den wir sogleich dem Joschkar-Ola-Test unterziehen werden. Dann werden Sie die erstaunlichen Reaktionen dieses Wesens, wenn es mit einem kugelförmigen Gegenstand in Kontakt kommt, mit eigenen Augen sehen.«

»Hefte raus«, knarzte Professor Schukowski. »Ich möchte, dass Sie sich alles notieren, in nicht allzu ferner Zukunft werden wir eine Arbeit schreiben.«

Joschkar-Ola-Test, was das wohl sein mochte? Die Frage beantwortete sich von selbst, als plötzlich aus dem Nichts ein Fußball auf mich zugerollt kam. Ich konnte nicht anders: Ich kickte dagegen. Die Studenten applaudierten begeistert. Davon beflügelt, blieb ich am Ball und dribbelte zwischen Geheimrat Gorki und seinen Assistenten hindurch, als wären sie Slalomstangen. Der Saal tobte. Ich lupfte den Ball und legte ihn mir zum perfekten Kopfball vor. Zack. Genau in den Papierkorb. Ich war begeistert und vollführte noch einige Kunststückchen aus meiner B-Jugend-Zeit. Technisch hatte ich es ja immer draufgehabt, nur mit der Kondition hatte es schon damals gehapert. Unter den Nagetierzuschauern war inzwischen kein Halten mehr. Einige mussten so sehr lachen, dass sie von den Sitzen fielen. Sogar Geheimrat Gorki schmunzelte wohlwollend. Irgendwann entwanden zwei gorillagroße Hamster mir den Ball, und der Spaß war vorbei. Ich wurde zu meinen Mitgefangenen zurückeskortiert und in einen geräumigen Einzelkäfig gesperrt, während Professor Schukowski mit strenger Stimme versuchte, die Klasse wieder zu beruhigen.

Die nächsten Tage und Wochen verliefen recht ereignislos. Längst hatten wir die Erdumlaufbahn verlassen und Kurs auf Moleskin II, den Heimatplaneten der Nagetiere, genommen. Meine Mitgefangenen verhielten sich größtenteils ruhig, futterten Grünzeug und verbrachten ihre Zeit damit, auf den Smartphone-Attrappen herumzuwischen, die in allen Käfigen auslagen. Ab und zu wurde einer zu Versuchen abgeholt und kam irgendwann mit glücklichem Lächeln und verklärtem Blick zurück.

Den Geheimrat und seine Assistenten bekamen wir in diesen Wochen kaum zu Gesicht, dafür freundete ich mich rasch mit unseren beiden Wärtern an: Wladimir war ein rosafarbener Hasenartiger von der Größe eines Ponys. Er bereitete einen Bachelor in deskriptiver Chronologie vor und hoffte, durch die Teilnahme an dieser Expedition seine Fremdsprachenkenntnisse zu verbessern und seine Chancen auf einen Masterstudienplatz an der renommierten Genossin-Laika-Hochschule für spekulative Physik zu erhöhen. Das Eichhörnchenmädchen Samara war Verhaltensforscherin und machte gerade ihre Spezialisation in strukturalistischer Anthropologie. Eigentlich fand sie es zu Hause auf Moleskin II am schönsten, aber sie brauchte nun mal das Geld, und die Jobs auf der *Elektrostal* waren astronomisch gut bezahlt.

In Gesprächen mit diesen beiden erfuhr ich nach und nach, was es mit den Weltraummäusen auf sich hatte. Sie waren allesamt Nachkommen von Versuchstieren, welche die sowjetische Raumfahrtbehörde ins All geschossen hatte.

1953 war es zum ersten Mal zwei Labormäusen gelungen, die Raumkapsel, in der man sie ins All geschossen hatte, unter ihre Kontrolle zu bekommen und aus der Erdumlaufbahn hinauszumanövrieren. Freundliche Hippie-Aliens auf der Durchreise zum Rock-am-Ring-des-Saturn-Festival hatten das junge Paar ins Schlepptau genommen und ihnen einen unbewohnten Planeten im Moleskin-System gezeigt, auf dem sie sich ansiedeln und eine Familie gründen konnten. Sie zeugten viele Tausend Nachkommen, mit denen sie regelmäßig ins Sonnensystem Sol aufbrachen und ins All geschossene Versuchstiere retteten und nach Moleskin II brachten.

In nur wenigen Jahren entstand so eine hoch entwickelte Nagetiermutantenzivilisation nach realsozialistischem Vorbild. Und bald begannen sie ihrerseits, den Weltraum zu erforschen und mit anderen Alienrassen Kontakt aufzunehmen.

»Es gibt also noch viele andere intelligente Lebensformen da draußen?«, fragte ich überrascht. »Und wieso wissen wir auf der Erde nichts davon?«

Wladimir wand sich verlegen. »Nun, die Sache ist so ... Es wurde noch kein definitiver Beweis für intelligentes Leben auf eurem Planeten erbracht ... also kein Grund zur Kontaktaufnahme ...«

»Und zudem werdet ihr gemieden«, ergänzte Samara, »weil eure Spezies ein einziger Seuchenherd ist. Die mutigen Erforscher von Terra haben eure Krankheiten immer wieder auf ihre Heimatplaneten eingeschleppt ... Ganze Imperien gingen daran zugrunde.«

»Die gesamte Marspopulation zum Beispiel wurde 1938 von einem einzigen Schnupfen dahingerafft«, sagte Wladimir betrübt.

»Den Falbdrachen von Pluto machten Windpocken den Garaus«, erklärte Samara. »Die flugunfähigen Riesenvogelmenschen auf Moa III wurden von einer besonders aggressiven Herpes-Variante ausgerottet. Und bei den Schaufelgrunzern vom Steppenplaneten Zissel war's die Schweinegrippe.«

»Maul- und Klauenseuche dezimierte die Maulaffen von Cassiopeia und die Klauenbeutler im Sonnensystem Tank«, setzte Wladimir die schaurige Liste fort.

»Und die technisch und kulturell hochstehende Weißfischzivilisation der Hucho-Hucho auf Bottenwiek-7 wurde nacheinander von Fischtuberkulose, Malawi-Bauchwassersucht, Lochkrankheit, Wasserschimmel, Weißpünktchenkrankheit, Flossenfäule sowie Haut- und Kiemensaugwürmern heimgesucht. Seither traut sich kaum noch jemand auf euren Planeten. Es gibt strengste Quarantänevorschriften und ein generelles Einfuhrverbot terranischer Rassen.«

»Außer zu Wissenschaftszwecken natürlich«, meinte Samara.

Unsere weitere Reise verlief störungsfrei, bis wir in den Orbit von Moleskin II eintraten, wo es zu einer Begegnung mit zwei Beamten der Interstellaren Gesundheitsaufsichtsbehörde kam.

Ich starrte gerade zum Fenster hinaus, auf den mausgrauen

Planeten, der für unbestimmte Zeit mein Zuhause sein würde, als ich ein sehr schmutziges, erbsgrünes, melonenförmiges Flugobjekt im Schlingerflug auf uns zukommen sah. Die Wissenschaftler waren sofort alle in heller Aufregung. Kurz darauf dockte das fremde Schiff an.

Zwei gallertartige, fleischsalatfarbene Lebensformen quollen durch die Luke und bauten sich vor Geheimrat Gorki und seinen Kollegen auf. Sie stellten sich als Hauptkommissar Permaneder und Oberinspektor Grünlich vor.

»Ich bin Geheimrat Gorki, der wissenschaftliche Leiter dieser Expedition. Alles an Bord ist vorschriftsmäßig, die Hygienevorschriften sind ...«, begann der wackere Geheimrat.

»Papiere und Zulassung bitte«, schwallte es aus der Mundkloake des Hauptkommissars. Oberinspektor Grünlich glitschte unterdessen an unseren Käfigen vorbei. Er stank entsetzlich. »Dieses Raumschiff scheint mir etwas überfrachtet«, troff es giftgrün aus einer seiner Sprechporen. »Und was sehe ich da? Terranische Lebensformen, igitt!« Er hielt sich ein eitergelbes Taschentuch vor die nässende Furunkelkolonie, die ihm als Gesicht diente.

»Wo ist der Kapitän? Ich möchte mit dem Kapitän dieses Schiffes sprechen«, blubberte Hauptkommissar Permaneder.

Auf diese Worte kam eine winzige, kaum mausgroße Maus in Paradeuniform in den Saal geflitzt, gefolgt von weiteren Mäusen jeder Größe in Fantasieuniformen.

»Ich bin Konteradmiral Magnitogorsk, der Kommandant dieses Schiffes. Entschuldigen Sie bitte die impertinente Interferenz dieser inferioren Zivilisten«, kreischte die winzige Maus und salutierte.

Die qualligen Lebensformen salutierten zurück. »Schulligung angenommen«, sabberten sie.

Geheimrat Gorki und Konteradmiral Magnitogorsk warfen sich hasserfüllte Blicke zu.

Während der Konteradmiral dem Hauptkommissar Logbuch und Fahrzeugpapiere zeigte und dabei unzählige Schnäpse mit ihm kippte, schwabbelte Grünlich, mit den händeringenden Wissenschaftlern im Schlepptau, von Käfig zu Käfig, zählte uns durch und entnahm gelegentlich Gewebeproben. Wir alle konnten nur hoffen, dass Geheimrat Gorkis Team die erlaubte Fangquote von 144.000 nicht überschritten hatte, ansonsten würde es eine saftige Geldstrafe setzen. Und die überzähligen Exemplare unter uns müssten eingeschläfert werden.

Aber offenbar war alles in Ordnung, nach einem guten Monat war Oberinspektor Grünlich mit der Zählung der 144.000 durch, und wir konnten unsere Reise fortsetzen.

Kurz darauf landeten wir auf dem grauen Planeten der Weltraummäuse und bekamen unsere Quartiere zugewiesen. Ich lebte mich schnell in meiner neuen Bleibe ein. Ein Labormensch zu sein, ist gar nicht mal das Schlechteste. Man hat was Festes und braucht sich nicht zu sorgen, was morgen auf den Tisch kommt oder wie die nächste Miete bezahlt werden soll. Ich habe eine weiche Pritsche, einen Napf mit meinem Namen drauf und werde täglich dreimal in Chlor gebadet. Auch die Aufgaben, die man uns stellt, meistere ich recht gut. Das große Labyrinth schaffe ich zwar immer noch nicht in Mindestzeit, und an der Kletterwand bringe ich wenig zustande, dafür bin ich aber der schnellste am Futter-Buzzer, der King im Scrabble und der belastungsfähigste Medikamententester. Außerdem habe ich mich, dank intensivem Training, zu einem recht soliden Telepathen entwickelt, wenngleich mit Luft nach oben, wie Geheimrat Gorki meint, der mich jeden Tag aufs Neue fordert und ermutigt, an meine Grenzen und darüber hinaus zu gehen.

Alles in allem führten wir ein zufriedenes und sorgenfreies Leben im Wohnkasten *Rosa Luxemburg* in den Plattenbeton-bauten von Mikropalvlosk, der Hauptstadt von Moleskin II, es war fast wie Urlaub.

Leider geht auch der schönste Urlaub irgendwann zu Ende, und nachdem es einen politischen Umsturz gegeben hatte, verfügte die neue grau-grüne Regierungskoalition, dass alle Versuchsmenschen befreit werden mussten. Und so hieß es Abschied von meinen Freunden auf Moleskin II zu nehmen, und die *Elektrostal* brachte uns alle zurück nach Hause.

Ich wurde im Wald wieder ausgesetzt, genau an der Stelle, wo ich weggesaugt worden war.

Wie viel Zeit mochte seitdem vergangen sein?

Und vor allem: Bei wie vielen Schritten war ich stehen ge-blieben? Ich rechnete kurz nach und befand, dass ich in mei-ner Gefangenschaft bei den Weltraumnagern mindestens zehntausend Schritte zurückgelegt hatte. Mehr als genug also. Ich zündete mir eine Zigarette aus alten russischen Armeebe-ständen an, von denen Geheimrat Gorki mir ein paar Stangen geschenkt hatte, als meine eigenen alle gewesen waren.

Ein übereifriger Jogger flitzte an mir vorbei, geradewegs hinein in den flimmernden Transportstrahl, der wie aus dem Nichts auf dem Waldweg erschien. Ich wünschte ihm eine gute Reise und trottete zurück zu meinem Auto.

# DER FLORIAN

Der Florian war das hässlichste Gespenst, dem ich je begegnet bin.

Gut, er war auch das einzige Gespenst, dem ich je begegnet bin. Aber das schwammige Wesen, das da über dem Fußende meines Bettes schwebte, war wirklich alles andere als eine ätherische Lichtgestalt. Diese grobkörnige Erscheinung war kein bezauberndes Burgfräulein, das einer unerfüllten Liebe hinterhergeistert, kein edler Ritter, malerisch mit seinem Kopf unter dem Arm, keine durchsichtige Vampirella, gierig nach meinem Blut, noch nicht einmal ein hagerer schottischer Schlossgeist, den man zumindest schön hässlich hätte finden können. Nein, der Florian war hässlich hässlich. Er war klein und dick, aber es war nicht diese gesunde, sportliche Rundheit, wie z. B. bei einem Sumoringer, sondern so ein resigniertes Mir-doch-egal-Übergewicht, das längst alle Hoffnung hat fahren lassen. Seine Gesichtsfarbe war ein speckiges Beige, wie Nikotinflecken auf der Tapete eines billigen Hotelzimmers, vergilbt in tausend einsamen Nächten voll billigen Whiskys und schlechter Pornos. Der Florian war die traurigste Erscheinung, die man sich vorstellen konnte. Er war ein toter Stand-up-Comedian.

In jener Nacht, als der Florian mir zum ersten Mal erschien, war ich gerade mitten in einem meiner Lieblingsalbträume:

Sie nannten mich Ishmael. Ich gehörte zu Käpt'n Ahabs Crew, und wir waren wieder mal so kurz davor, den verhassten weißen Wal zu stellen, als eine Monsterwelle unser kleines Boot traf. »Kentern, wir kentern!«, schrie die Besatzung durcheinander. »Kentern, wir kentern!« Und während ich mühsam wach wurde, verwandelte sich »Kentern, wir kentern!« langsam in ein rhythmisches »Kennste, kennste den? Kennste, kennste den?«, und dann schlug ich die Augen auf, und da fluoreszierte er, der Florian, und grinste mich manisch an, ein Gesicht wie ein halb verwester Smiley, ein total kaputter Vollmond. Das bisschen, was er noch an Haaren hatte, schaute unter einer verkehrt herum aufgesetzten Baseballkappe hervor. Er stand in einem einzelnen Scheinwerferstrahl, der ihm überallhin folgte und sein schreiend buntes Hawaiihemd noch schmerzhafter für die Augen machte.

Ich setzte mich im Bett auf und starrte ihn an. Er rieb sich die Hände: »Na endlich, das Publikum wacht auf«, feixte er. »Wenn ich mich kurz vorstellen darf: Ich bin der Florian aus Osnabrück, ja genau, Osnabrück, nicht Wesnabrück, nicht Nordnabrück, sondern Osnabrück, und ich werde heute Abend einen Auszug aus meinem Soloprogramm ›Alles Florian!‹ präsentieren.« Er machte eine erwartungsvolle Pause, und ich klatschte lustlos Applaus. Vielleicht war das hier ja *Versteckte Kamera*, dachte ich, und da will man nicht wie der Spielverderber rüberkommen. Obwohl, gab es überhaupt noch Sendungen mit versteckter Kamera?

Der Florian unterbrach meine Gedanken: »Da ist mir neulich was total Irres passiert, pass auf: Also, ich war im Supermarkt, einkaufen, ne, und als ich da so mit den ganzen Einkaufstüten auf den Parkplatz zurückkomme, da sehe ich, pass auf, da sehe ich, wie so'n Typ dabei ist, mein Auto zu klauen. Ich rufe: ›Ey, geht's noch? Das ist mein Auto!‹, und renne los, aber da ist der Typ auch schon auf und davon. Also rufe ich die Polizei und sage: ›Wachtmeister, jemand hat mein Auto gestohlen!‹ Und der Polizist so: ›Können Sie eine Beschreibung des Täters geben?‹ ›Das nicht‹, sage ich, ›aber ich hab mir sein Kennzeichen aufgeschrieben!‹«

»Was soll das hier werden?«, fragte ich in die ungemütliche Stille hinein, die entstanden war.

Der Florian ließ sich nicht beirren: »Noch nicht warm, was? Aber hö'mal, pass auf: Es geht ja noch weiter, ich frag den Polizisten also, ob er denkt, dass sie den Dieb erwischen, und wissen Sie, was der zu mir sagt: ›Keine Sorge, wir haben eine ziemlich gute Aufklärungsquote. Grad eben haben wir einen Penis verhaftet und ... er hat gestanden.‹«

Ich vergrub meinen Kopf im Kissen, aber es gab kein Entrinnen. Ich war verflucht. Es ging dann noch stundenlang weiter. Eine endlose Reihe von Schwiegermutter-, Polizisten-, Arzt- und Blondinenwitzen prasselte auf mich ein, ein zermürbendes Bombardement von »Frauen sind so, aber Männer sind ganz anders«-Plattitüden, ein Trommelfeuer von Altherren- und Jungmännerwitzen, die bestimmt schon viele Lachmuskeln strapaziert und Zwerchfelle zum Platzen gebracht hatten. Aber meine Humororgane waren wohl nicht im Training. Als der erste morgendliche Lichtschein durchs Fenster fiel, verpuffte der Florian. Er hatte mich nicht ein einziges Mal zum Lachen gebracht.

»Geht's euch gut, Luxemburg?«, wurde ich in der nächsten Nacht aus dem Schlaf gerissen. Er war wieder da.

»Du kannst auch du sagen«, antwortete ich. »Hier ist keiner außer mir.«

»Hab schon vor weniger Leuten gespielt«, murmelte der Florian und gab mir ein ›Daumen hoch‹. »Heute werde ich ein paar Nummern aus meinem neuen Soloprogramm »Voll der Florian« perforieren, nein, Quatsch, performen. Ich hab ja ein neues Hobby, falls Sie das nicht wussten, ich gehe auf die Jagd. Aber meine Frau, nicht wahr, also die ist total dagegen, und ich bin auch nicht der beste Schütze, und letzten Sonntag sagt sie zu mir: ›Du bist mir ein toller Jäger. Auf der ersten Jagd erschießt du deinen Hund, auf der zweiten eine Kuh und jetzt sogar einen Treiber.‹ ›Immerhin‹, sage ich kleinlaut, ›hieß der Mann Hirsch!‹«

Nach ermüdenden zwei Stunden Humor und gute Laune zum Thema »Freizeit und Erholung«, also Jäger- und Anglerwitze, bremste ich ihn aus.

»Komm, wir machen mal 'ne Pause«, sagte ich. »Und dann erklärst du mir, was das hier eigentlich soll. Rauchst du?«

Der Florian stand mit hängenden Schultern vor mir. Schweiß lief in Bächen über sein teigiges Gesicht. Ich hatte gar nicht gewusst, dass Geister schwitzen können.

»Hab aufgehört, weil ich auf der Bühne immer so kurzatmig war. Aber hey, jetzt wo ich tot bin ...«

Wir verzogen uns in die Küche. Ich stellte einen Aschenbecher auf den Tisch und holte Bier aus dem Kühlschrank. »Auch eins?«, fragte ich. Der Florian nickte.

Ich gab ihm Feuer, und er inhalierte tief. Er schien innen hohl zu sein, denn ich konnte wie durch getönte Glasscheiben in ihn hineinsehen, wo der Rauch sich kringelte und dann durch diverse Körperöffnungen und Poren wieder austrat.

»Warum?«, fragte ich. »Und warum gerade ich? Was hab ich verbrochen?«

Der Florian seufzte und nahm einen Schluck Bier. Es gurgelte durch seine inneren Organe wie Leuchtstoff durch Leuchtröhren und plätscherte unten wieder aus ihm hinaus, geradewegs auf meinen Küchenboden. »Ah, das tut gut«, sagte er und wischte sich mit dem Handrücken über den Mund.

»Wie du ja vielleicht schon gemerkt hast, bin ich ein Gespenst. Ich bin der Geist von Florian Gralsocke aus Osnabrück. Nicht Wesnabrück, nicht Nord...«

»Jaja, ich weiß«, unterbrach ich ihn. »Weiter im Text.«

»Und ich werde erst erlöst, wenn ich dich zum Lachen gebracht habe. So lang muss ich jede Nacht bei dir herumspuken.«

»Oje«, sagte ich und ließ den Kopf auf die Tischplatte sinken.

»Ja, glaubst du etwa, mir macht das Spaß?«, ereiferte sich der Florian. »Comedy ist ein Knochenjob und das Publikum eine Bestie!«

»Danke für die Blumen«, sagte ich. »Aber warum ausgerechnet ich?«

»Das hat die DNA so verfügt. Kann ich nix machen.«

»DNA?«

»Der Chef. Die Regie. DNA. Der Nette Alte. Oder Die Nette Alte. Vielleicht auch Mehrzahl, Die Netten Alten ... Ist egal, entzieht sich sowieso unserem Begreifen.«

»DNA ist Gott?«

»Was weiß denn ich? Von Metaphysik versteh ich nichts, ich bin nur ein einfaches Gespenst, das die Menschen zum Lachen bringen will. Und du wurdest mir eben zugelost. Bei dem Scheißleben, das ich gehabt hab, hätt' ich eine leichtere Aufgabe verdient, meinst du nicht?«

»Florian Gralsocke aus Osnabrück, sagst du? Ich überprüfe das.« Ich holte meinen Laptop und schlug ihn auf. »Dann googeln wir dich mal.«

»Bei Wikipedia stehe ich als Der Florian«, sagte der Florian.

Ich fand einen kleinen Artikel in der *Neuen Osnabrücker Zeitung*, nur eine Viertelspalte, unter der Überschrift: »Erfolgloser Comedian tot aufgefunden«. Der Comedian Florian Gralsocke, Jahrgang 1962, war tot in einem Hotelzimmer gefunden worden. Als Todesursache gab die Polizei einen Cocktail aus Alkohol, Aufputsch- und Beruhigungsmitteln an. Es folgte ein kurzer Abriss von Florians Karriere, die mit zwei Auftritten bei *Nightwash* und einem beim *Quatsch Comedy Club* Ende der Neunziger ihre einsamen Höhepunkte hatte. Der Florian lugte mir über die Schulter. »Lies das nicht, die haben mich immer gehasst, die Journalisten, alle nur neidisch. Mein Wikipedia-Eintrag ist viel besser.«

Er versuchte, auf meiner Tastatur herumzutippen.

»Lass das«, fuhr ich ihn an und ging zu Wikipedia.

Sein Eintrag war typisch für selbst verfasste Wikipedia-Artikel, endlos lang und künstlich aufgeblasen, mit Links zu allen Provinzzeitungsartikeln, in denen der Florian mal erwähnt wurde (es waren vier), und einem Anhang, der jede seiner Shows samt Datum auflistete, angefangen beim Auftritt als Zauberkünstler im Kindergarten.

Ich klappte den Laptop zu. »Wenn das so ist, dann werden wir zusammenarbeiten müssen«, sagte ich und versprach, in Zukunft etwas humorvoller und positiver zu sein.

Wir tranken und rauchten dann noch, bis es hell wurde und mein Küchenboden komplett unter Bier stand. Der Florian erzählte mir aus seinem Leben. Wie es ihn immer schon auf die Bühne gezogen hatte, wie hart er gearbeitet hatte, um sich diesen Traum zu erfüllen, wie er seine Frau verlassen hatte, als diese ihn vor die Wahl »Stand-up oder ich« gestellt hatte, wie er erst seinen Brotberuf als Versicherungsagent und dann sein Haus verloren hatte, wie er all sein Geld für Comedykurse, Lehrbücher und DVDs ausgegeben hatte.

»Das ganze Haus hatte ich voll damit«, erklärte er mir. »Tausende Bücher und DVDs: Die Comedy-Fibel; Die Comedy-Bibel; Das Lach-Lexikon; Das Buch der tausend Witze; 111 Tipps, um der perfekte Comedian zu werden; In 12 Schritten zur Lachnummer; Eckart von Hirschhausens großes Buch des Menschen ...« Er unterbrach sich, öffnete seinen Requisitenkoffer und holte einen zerfledderten Wälzer hervor. »Das hier ist mein Lieblingsbuch, ich schleppe es immer mit mir herum.« Ich las den Titel: »Nuhr so geht's: Der ultimative Guide zum Supercomedian. Von Dieter Nuhr«.

Die dritte Nacht. Ich hatte mich vorsorglich ein wenig betrunken, um empfänglicher für den Florian-Humor zu sein. Endlich mal den Stock ausm Arsch und so. Auch der Florian wirkte voll motiviert und fuhr gleich zu Beginn die schweren Geschütze auf, Ehefrauenwitze, man soll ja stark anfangen und noch stärker aufhören.

»... heute ein paar Nummern aus meinem aktuellen Programm ›Nichts wie Florian‹. Lest ihr Zeitung, na?«
    Wir nickten, ich und mein alter Plüschteddy, den ich mir zur Gesellschaft, und um das Publikum ein wenig aufzustocken, vom Dachboden geholt hatte.
    »Zeitung, kennt ihr, jahaa, ich hab's doch gewusst. Also ich lese auch viel Zeitung. Und neulich stand in der Zeitung, dass 35 Prozent aller Ehefrauen fremdgehen. Was soll ich mit dieser unnützen Information? – Ich brauche Namen, Adressen, Bilder und Telefonnummern.«

»Ha«, lachte ich, »hahahaha – ha!«, und Plüschteddy wälzte sich grölend auf dem Boden.
    Der Florian hielt inne und sah uns an: »Leute, das geht so nicht. Es muss von Herzen kommen, das Lachen. Wir dürfen nicht mogeln, sonst klappt's nicht. Ich weiß, ihr meint es nur gut, und ihr seid ein tolles Publikum ...«
    »Könntest du nicht explodieren?«, fragte ich. »So dass dein Kopf danach an einer Sprungfeder aus dem Hals rausbaumelt und auf und ab wippt, während du weiterredest, als sei nichts geschehen ... Das fände ich lustig. Und als Gespenst müsstest du doch Möglichkeiten haben ...«

»Keine übernatürlichen Props und Requisiten«, sagte der Florian. »So steht's geschrieben. Aber, hör mal, ich hab da einen Freund mitgebacht, der ist vielleicht schräg drauf, alter Falter, es wird Zeit, dass ihr den mal kennenlernt.« Mit diesen Worten kramte er eine Bauchrednerpuppe aus seinem Requisitenköfferchen. Ich erschauerte.

Vier Stunden später:

Voller Hoffnung erwartete ich den Tag. Plüschteddy war auf dem Teppich eingeschlafen, ich hätte ihm nicht so viel Bier geben sollen. Das Bauchrednerpüppchen lag längst wieder zusammengeknüllt im Koffer. Der Florian wirkte erschöpft, aber noch hatte er nicht aufgegeben. Den besten Witz ganz zum Schluss, alte Comedy-Regel, vielleicht klappte es ja noch.

Er baute sich vor mir auf: »Was ist rosa und ein Flamingo?«

»Behindert«, antwortete ich.

Der Florian sah mich verwirrt an.

»Du hast ihn verkehrt rum erzählt«, erklärte ich ihm. »Richtig rum muss es heißen: Was ist rosa und behindert? Und die Antwort: ein Flamongo.«

»Du kanntest ihn schon«, sagte der Florian betrübt. »Dabei dachte ich echt, der wär' was für dich. Absurder Humor, schwarzer Humor ... Mein Ding ist das ja nicht ... Und sich über Minderheiten lustig machen ...«

»Witze über Minderheiten sollte man den jeweiligen Minderheiten überlassen«, stimmte ich ihm zu.

Der Florian ging wochenlang bei mir um. Ich hatte ihn zumindest überzeugen können, seinen Auftritt zu straffen und auf eine Stunde zu beschränken, den Rest der Nacht verbrachten wir dann rauchend und trinkend vor dem Fernseher. Um ihn zu inspirieren, zeigte ich ihm Comedy, die ich lustig fand, aber wir waren kaum je auf einer Wellenlänge.

Vor *Mr. Bean* gruselte er sich, die *Simpsons* waren ihm zu kindisch, und bei *Monty Python* regte er sich auf, weil sie ihre Pointen immer versemmelten. Heinz Erhardt war ihm zu alt, Billy Hicks zu fies, und vor George Carlin flüchtete er unter den Wohnzimmertisch und ließ sich erst mit einer alten Folge *Pastewka* wieder hervorlocken. Olaf Schubert hatte er mal kennengelernt und hielt ihn seitdem für einen arroganten Arsch, Carolin Kebekus war ihm zu frech, seine Vorstellung von treffsicherer feministischer Comedy war eher Cindy aus Marzahn. Es war nicht einfach mit ihm.

Am Ende redeten wir einfach nur, während ich immer betrunkener wurde und er meine Wohnung überschwemmte.

»Ich bin wohl kein guter Comedian, was«, sagte der Florian irgendwann trübsinnig und zog an seiner Zigarette. Er bedachte mich mit einem herzzerreißenden Blick, während ihm der Rauch langsam aus den Ohren quoll.

»Ach was«, tröstete ich ihn. »Jeder fängt mal klein an.«

Ich fragte mich manchmal, ob der Florian nicht besser im ernsten Fach aufgehoben wäre. So sympathische Loserrollen, voller Tragikomik. In einem Kaurismäki-Film zum Beispiel. Allerdings hatte ich Kaurismäki mal an ihm ausprobiert, und er hatte sich so sehr vor den Frisuren der *Leningrad Cowboys* gefürchtet, dass er die ganze Nacht nicht mehr hinterm Sofa hervorgekommen war.

Die letzte Nacht:

Wir hatten uns zusammen *King of Comedy* mit Robert De Niro angeschaut, ich hatte viel gelacht, und der Florian hatte den ganzen Film hindurch geweint.

»Was treibt euch nur an«, fragte ich, »dich oder diesen Typen aus dem Film, dass ihr alles dransetzen würdet, um Comedians zu werden?«

Der Florian zuckte ratlos die Achseln.

»Schau dich nur an«, sagte ich. »Du hättest Job und Familie haben können, ein zufriedenes ruhiges Leben, und hast das alles weggeworfen. Wofür?«

»Ich bin eben ein Verlierer«, sagte der Florian. »In nichts war ich jemals richtig gut. Aber ich wollte auch mal ganz oben stehen, im Rampenlicht. Und ich dachte, wenn ich die Leute zum Lachen bringe, dann sehen sie mal etwas anderes in mir als ... dann lieben sie mich vielleicht ein bisschen ...«

Dieses Gespräch begann in ungute emotionale Untiefen abzudriften. So würde er mich nie zum Lachen bringen.

»Du bist doch ein netter Kerl«, sagte ich schließlich. »Bestimmt warst du in der Schule total beliebt, und jeder mochte dich.«

»Ach, was weißt denn du«, sagte der Florian bitter. »Als Kind war ich so unbeliebt, ich hatte nicht mal imaginäre Freunde.«

Und da musste ich lachen.

# KALBSGESICHT

Alles, nur keine Schnee-Eule, dachte Lissa.

Seit sie sich erinnern konnte, wollten Lissas Eltern ihr jedes Jahr aufs Neue eine Schnee-Eule zum Geburtstag schenken.

Schließlich hatte jedes Kind in Bloxburg eine Schnee-Eule.

Nun, sie war nicht jedes Kind.

Morgen war der erste November, Lissas 13. Geburtstag.

Dieses Mal hatten ihre Eltern es aufgegeben und gesagt, sie könne sich irgendein Haustier zum Geburtstag wünschen, egal was für eines.

Vielleicht war das ein Zeichen, dass sie sich endgültig mit Lissas Veranlagung abgefunden hatten.

Lissa war nämlich anders als alle anderen: Sie war normal.

Sämtliche Mitglieder ihrer Familie waren Hexen, Zauberer, Alchemistinnen, Magier, Seherinnen, Druiden und so weiter. Genau wie alle anderen Bürgerinnen und Bürger von Bloxburg.

Lissa aber konnte nicht zaubern, sie war als Muggel auf die Welt gekommen. Ihre Mutter gab wahlweise der Hebamme oder den Sternen die Schuld. Die ganze Kindheit hindurch war Lissa von führenden Zauberexperten und berühmten Hexen untersucht und behandelt worden, aber es schien keine Heilung zu geben.

Nicht dass Lissa darauf Wert legte, »geheilt« zu werden. Sie war keine Hexe und wollte auch keine sein. Sie wollte Wissenschaftlerin werden und später mal irgendwas mit Dinosauriern machen.

Die Aufnahmeprüfung für das Zaubergymnasium Schweinswutz vor einem Jahr hatte sie mit Absicht versemmelt. Es wäre ihr ein Leichtes gewesen zu mogeln, viele der anderen Kinder taten das auch, und man drückte allgemein ein Auge zu. Lissa hatte so eine Vermutung, dass es eine ziemlich große Muggel-Dunkelziffer in Bloxburg gab, aber alle schummelten sich irgendwie durch. Immerhin lebte die Stadt hauptsächlich vom Tourismus. Und die Touristen wollten Hexen und Gaukelei sehen, bunten Zauber und schwarze Magie, keinen grauen Muggel-Alltag. Niemand hatte es je gewagt, sich zu outen, niemand außer Lissa.

Die Lehrer hatten sie die ganze Grundschule hindurch angespornt, sie müsse sich einfach konzentrieren und mehr Mühe geben, dann würde das mit dem Hexen schon klappen. Oder wie ihre Mutter immer sagte: Wenn man etwas nur doll genug wollte, dann bekam man es auch.

Lissa wollte es aber gar nicht. Es lag wohl daran, dass sie nicht wirklich an Zauberei glaubte. Für alles gab es eine rationale Erklärung. In den Normalo-Fächern in der Schule war sie immer die Beste gewesen, nur Wunder durfte man keine von ihr erwarten. So hatte sie am Ende ihren Muggel-Dickkopf durchgesetzt: Sie ging nicht aufs Zaubergymnasium, sondern stand jeden Morgen in aller Frühe auf, um den Bus in die Nachbarstadt Ottoheim zu nehmen, wo nur Muggels lebten. Dort war sie an einem Lyzeum für Normale eingeschrieben.

Das ging natürlich nur, weil ihre Eltern verhältnismäßig progressiv und tolerant waren. Kummer bereitete es ihnen aber trotzdem, und die Leute tuschelten. Insgeheim hoffte ihre Mutter sicherlich immer noch, dass Lissas Zauberkräfte sich irgendwann manifestieren würden, vielleicht beim Einsetzen der Pubertät. Solche Fälle von Spätzündern hatte es in der Familie schon gegeben, Großtante Gundel zum Beispiel.

Lissas Mutter war Zauberstudienrätin und Vizedirektorin von Schweinswutz. Ihr Vater saß im Gemeinderat von Bloxburg und wollte bei den nächsten Wahlen für das Bürgermeisteramt kandidieren. Klar, dass es beider Karrieren nicht gerade förderlich war, eine Muggel in der Familie zu haben.

Aber niemand konnte etwas für seine Veranlagung, und man musste alle seine Kinder gleichermaßen lieben, wie ihre Mutter immer sagte. Dass ihr das bei Lissas älteren Geschwistern leichter fiel, lag auf der Hand. Ihre Schwester Wicca studierte Magie auf Lehramt an der Zauberuniversität, und Merlyn war jedes Jahr Klassenbester in Schweinswutz und Kapitän des Quidditch-Teams.

Bei so tollen Geschwistern musste Lissa froh sein, dass ihre Eltern überhaupt noch ein bisschen Liebe für ihre Drittgeborene übrig hatten.

Und nun bekam sie sogar ein Wunschtier zum Geburtstag. Die Frage war nur, welches? Katzen waren toll, aber eine Katze hätte ihrer Mutter bloß wieder falsche Hoffnungen gemacht. Hexen hatten Katzen.

Ein Hund kam auch nicht infrage, der wäre zu viel allein, wenn Lissa in der Schule war. Goldfische waren langweilig, Hamster nachtaktiv, und sie lebten nur ein Jahr. Meerschweinchen konnten zumindest zehn Jahre alt werden. Solange keine Schnee-Eule sie erwischte. Und davon gab es in Bloxburg einfach viel zu viele.

Lissa überflog ihre Liste noch einmal: Kaninchen. Land- oder Wasserschildkröte. Ratte, Python, Wellensittich, Leguan, Frettchen, Kakadu, Känguru, Kronenkranich, Chamäleon, Ginsterkatze. Hängebauchschwein, Oryxantilope, Seeadler, Fennek, Waldrapp, Ozelot ...

Das Pony hatte sie wieder gestrichen, da musste sie bestimmt reiten lernen und das Tier zwingen, über sinnlose Hürden zu springen, darauf hatte sie keine Lust. Sie wollte kein Pferdemädchen sein. Auch so ein Klischee. Warum waren Pferde cool und Kühe nicht?

Komodowaran war auch gestrichen, zu groß und gefräßig, und der Riesenalk war leider nach wie vor ausgestorben.

Es ging auf Mitternacht zu. Draußen lärmten ihre Eltern. Lissa trat ans Fenster. Der ganze Garten war orange beleuchtet. Kerzen flackerten in Kürbissen. Die Eltern tanzten mit den Nachbarn um die große Birke herum, ihren heiligen Baum im Steinkreis mitten auf dem Rasen. Das gehörte sich so, schließlich war heute Nacht Halloween. Zumindest hatten die beiden sich was angezogen, nicht wie beim Beltanefest letzten Mai. Da hatte ihr Vater sich schwer erkältet. Aber er war ja Alchemist von Beruf und ihre Mutter Geistheilerin, da sollte so eine kleine Erkältung kein Problem sein, oder etwa doch?

Als die verschleppte Erkältung sich im Juni zu einer schweren Bronchitis entwickelt hatte, war bei Nacht und Nebel ein Muggel-Mediziner von außerhalb eingetroffen, und der hatte ihm geholfen.

In Bloxburg arbeiteten Ärzte nur nach Anbruch der Dunkelheit, kein Zauberer und keine Hexe hätte je zugegeben, dass sie auf die Hilfe von Schulmedizin oder Big Pharma angewiesen waren.

Zudem waren Ärzte fast genauso teuer wie Geistheiler, und von der Hexenkasse bekam man keinen Cent zurück. Insofern war es sicher nicht ganz falsch, von Ärztemafia zu sprechen, wie ihr Vater das immer tat. Mediziner agierten in einer semilegalen Grauzone; gern gesehen waren sie nicht, aber auf sie verzichten konnte man offensichtlich auch nicht. Zumindest verdienten sie nicht schlecht, trotzdem wäre es Lissa nie in den Sinn gekommen, Ärztin zu werden. Das konnte sie ihren Eltern wirklich nicht antun, für die war es schon schlimm genug, dass sie nicht paranormal war.

Lissa schloss das Fenster und legte die Liste unter ihr Kopfkissen. Vielleicht würde sie im Traum eine Eingebung bekommen. (Nein, das war kein Hexenkram, es war wissenschaftlich belegt, dass das Gehirn im Schlaf aktiv war und nach Problemlösungen suchte.)

Sie schloss die Augen. In ihrem Kopf kreisten Tiere der verschiedensten Formen, um dann langsam zu einem Tier, zu einer Form zu verschmelzen.

Ein Geräusch weckte sie auf. Irgendetwas war in ihrem Zimmer. Sie fühlte eine Präsenz, oder vielmehr: Sie hörte jemanden atmen.

Lissa setzte sich auf und knipste die Nachttischlampe an. Da stand ein vierbeiniges Etwas mitten im Raum. War das ein Kälbchen? Nein, es war etwa so groß wie ein Kalb, sah ansonsten aber eher aus wie ein Reptil. Oder eine Mischung aus Säugetier und Reptil. Oder wie eine Schildkröte ohne Panzer. Sie rieb sich die Augen. Träumte sie etwa noch?

Das Wesen räusperte sich.

Seine Beine waren kurz und stämmig, die Vorderbeine etwas länger als die hinteren, der im Verhältnis zum gedrungenen Körper ziemlich kleine Kopf war reptilienartig. Allerdings hatte das Wesen ein flaches Gesicht mit kleinen Schweinsäuglein. Seine Hautfarbe war ein mattes Graugrün. Ein wenig erinnerte es Lissa an diese Comicfiguren von früher, Ninja Turtles oder wie die hießen.

Ein Alien? Oder eine Art Saurier, irgendwo hatte sie so ein Tier schon mal gesehen, in einem Buch oder im Internet. Zumindest sah es nicht besonders gefährlich aus, eher ein bisschen dumm und plump.

Da musste Klarheit her: »Wer bist du?«, fragte sie das Geschöpf. »Und vor allem: Wie kommst du in mein Zimmer?«

»Zu Frage eins: Ich bin ein Moschops. Und zu Frage zwei:

Keine Ahnung. Ich habe mit meiner Mama und meinen Tanten geweidet, als uns auf einmal ein Moschorhinus angegriffen hat. Wir sind geflüchtet, ich bin gestolpert, das Letzte, woran ich mich erinnere, ist die riesige Schnauze mit den langen Zähnen über mir und dass ich mir ganz doll gewünscht habe, woanders zu sein – weit, weit weg.« Er sah sich um. »Das scheint geklappt zu haben. Aber wo bin ich hier? Und wer bist du?«

Ein Moschops, genau, dachte Lissa. Pflanzenfresser, zum Glück.

Sie nahm ihr Tablet und googelte: Moschops, griechisch für Kalbsgesicht, war eine Dinocephalia-Art aus dem Permzeitalter. Eine Ordnung basaler Therapsiden. Also quasi Vorfahr von Sauriern, Reptilien, Vögeln, Säugetieren ...

»Hey, ich hab dich was gefragt«, sagte der Moschops.

»Ich bin ein ganz normales Mädchen. Ich heiße Lissa, Abkürzung für Melissa. Melissa Bibi Walpurga, wenn du es genau wissen willst. Die Namen habe ich mir nicht selbst ausgesucht. Und wieso kannst du überhaupt sprechen?«

»Wieso kannst *du* sprechen?«, fragte das Tier zurück.

»Weil ich es gelernt habe. Und du?«

»Weil ich es kann, keine Ahnung. Du hast mich hierhergebracht, also solltest du wissen, was hier läuft. Danke übrigens, du hast mir das Leben gerettet.«

»Gern geschehen, aber das war ich nicht. Bestimmt gibt es eine wissenschaftliche Erklärung, Anomalie im Raum-Zeit-Kontinuum oder so ...«

»Wie auch immer, ich hab Hunger.«

Lissa rümpfte die Nase. »Hier im Zimmer kannst du nicht bleiben. Du stinkst. Und stubenrein bist du bestimmt auch nicht. Komm, ich bring dich in den Garten.«

Sie schlüpfte in Jeans und Turnschuhe und warf sich die Kapuzenjacke über. Dann schubste sie das Tier zur Tür. »Und leise, wenn meine Eltern dich hören, dann denken sie noch, ich hätte dich hierhergezaubert.«

»Hast du das denn nicht?«, fragte der Moschops.

»Klappe!«, sagte Lissa.

Als Lissa am nächsten Morgen zum Fenster hinaussah, lag der Moschops an der Stelle, wo sie ihn hingebracht hatte, unter den Bäumen. Er schlief.

Sie dagegen hatte kaum geschlafen und die ganze Nacht recherchiert. Es war offensichtlich ein Jungtier. Ausgewachsen wurden die Tiere nämlich größer und schwerer als ein Mensch.

Wie konnte das nur passieren? Sie hatte hin und her überlegt und konnte sich keinen Reim darauf machen. Zumindest keinen rationalen.

Sie hatte sich nicht recht entscheiden können, welches Tier sie als Haustier haben wollte, und nun hatte sie eins bekommen, das aussah wie eine Mischung aus allen möglichen Tierarten zugleich. Eins, das es seit Hunderten von Jahrmillionen nicht mehr gab.

Ein Spezimen einer ausgestorbenen Art. Sie hatte beschlossen, den Moschops so zu nennen: Spezi.

Lissas Mutter saß am Frühstückstisch.

»Ich glaube, gestern Nacht waren Poltergeister im Haus«, sagte sie.

»Es gibt keine Poltergeister, Mama.«

»Ach, Kindchen«, sagte ihre Mutter und strich Lissas Haare glatt. »Du musst noch so viel lernen.«

Dann schrie sie auf, ihre Kaffeetasse fiel zu Boden und zerbrach.

Der Moschops guckte zum Fenster herein.

»Sorry, Madame«, sagte er. »Ich wollte nur Guten Tag sagen.«

»Das ist Spezi«, sagte Lissa. »Ein Moschops. Der tut nix.«

Verdammt! Nun wo ihre Mutter ihn gesehen hatte, würde der Zirkus losgehen.

»Ein Drache!«, kreischte ihre Mutter. »Ein süßer Babydrache, Lissa, du kannst doch zaubern! Ich hab's immer gewusst.« Sie knuddelte erst Lissa, dann rannte sie in den Garten und fiel dem Moschops um den Hals.

»Gar nichts gezaubert hab ich«, rief Lissa ihr hinterher. »Das ist ein Schulprojekt. Ich habe ... ich habe eine Zeitmaschine gebaut.«

»So ein Süßer bist du, ein knuffiger Glücksdrache«, rief ihre Mutter.

»Eine Zeitmaschine, und damit hab ich ihn in unsere Zeit gebracht, und ich kann ihn jederzeit zurückbringen.«

»Mit Verlaub, aber Ihre Tochter flunkert«, sagte der Moschops. »Ich bin ganz ohne Zeitmaschine hier gelandet. Total magisch.«

»Weiß ich doch«, sagte ihre Mutter. »So ein guter Junge bist du. Und sogar sprechen kann er. Lissa, hast du gehört? Er kann sprechen.«

»Kann er nicht«, rief Lissa verzweifelt. »Das war ich, ich kann bauchreden. Und es war ein Riss im Raum-Zeit-Kontinuum, alles ganz logisch.«

Den ganzen Tag über kamen Nachbarn, um den Glücksdrachen zu bestaunen und von Lissas Mutter über die endlich aufgeblühten Zauberkräfte ihrer Tochter in Kenntnis gesetzt zu werden. Lissa dagegen musste in die Schule, sie hatte eh schon Verspätung.

Als sie am Abend nach Hause kam, empfing ihre Mutter sie an der Gartenpforte.

»Er ist krank, vielleicht muss er sterben ...«

»Wer?«

»Knuffi, der Glücksdrache. Vielleicht hätten wir ihm nicht so viel Schokolade geben sollen.«

»*Spezi* heißt er«, rief Lissa und lief über den Rasen dorthin, wo der Moschops lag.

Er war noch graugrüner im Gesicht als sonst.

»Geht schon wieder«, sagte er zu Lissa. »Solange dein Vater mir nicht wieder diese Tränke einflößt.«

Die ganze Nacht wachte Lissa im Garten bei Spezi.

Er überlebte, und am nächsten Morgen fraß er etwas Gras.

Aber er wollte nicht bleiben. Den ganzen Tag war er von Leuten fotografiert und betatscht worden. Und Lissas Vater plante, ihn auszustellen und Geld dafür zu verlangen.

»Ich passe hier nicht hin«, sagte er. »Ich will wieder in meine Zeit zurück. Zu meiner Mama und meinen Tanten.«

»Aber der Moschorhinus!«, sagte Lissa.

»Es kommt, wie es kommt«, entgegnete Spezi. »Vielleicht kannst du mich ja woanders hinhexen, sodass ich ihm entkomme.«

»Ich kann nicht hexen, verdammt noch mal!«

»Nur einmal noch. Für mich.« Der Moschops sah sie bittend an.

»Aber dann wissen alle, dass ich keine Muggel bin!«, rief Lissa. »Ich will aber Wissenschaftlerin werden und keine Hexe.«

»Bitte«, sagte Spezi.

War das nicht eine Träne, die da über sein Gesicht kullerte?

»Okay«, sagte Lissa. »Ich versuch's. Also: Du musst dir heute Nacht ganz doll wünschen, wieder bei deiner Familie zu sein, und ich werd mich drauf konzentrieren, dich wieder ins Perm zu beamen. Und wenn's klappt, dann erfinde ich irgendeine rationale Erklärung für meine Eltern und alle.«

In dieser Nacht träumte Lissa vom Permzeitalter, von Dinocephalia und Therocephalia.

Am nächsten Morgen war Spezi verschwunden.

»Du hast ihn weggezaubert«, sagte ihre Mutter, die am Tisch saß und Karten legte.

»Ich hab ihn mit der Zeitmaschine zurück in seine Zeit geschickt«, entgegnete Lissa. »Hier hat er nicht hingepasst.«

»Stimmt wohl«, sagte ihre Mutter, ohne von den Karten aufzublicken.

»Ich habe mich entschieden«, sagte Lissa. »Ich will eine Katze als Haustier. Auch normale Leute haben Katzen.«

»Weiß ich doch längst, dass du eine Katze willst«, sagte ihre Mutter und hielt ihr eine Spielkarte vor die Nase. Eine schwarze Katze war darauf zu sehen.

»Falsch, ganz falsch«, sagte Lissa. »Keine schwarze. Eine grau getigerte wünsch ich mir.«

# DiE GOLDBÄREN-SAGA

Als Hans Riegel, Sohn des Bonbonkochers Hans Riegel, 1946 aus amerikanischer Kriegsgefangenschaft in sein Heimatdorf zurückkehrte, erwarteten ihn dort eine trauernde Witwe und ein verwaister kleiner Bruder. Vater Hans war im Alter von nur 51 Jahren verstorben, aus Kummer über die kriegsbedingten Einbußen seiner Firma.

Alles, was der Vater den Söhnen Hans und Paul hinterlassen hatte, war ein Kupferkessel, ein Fass Melasse und 500 Schweineschwarten. Die beiden beschlossen, bei null anzufangen und Haribo, den Betrieb des »Alten«, wieder aufleben zu lassen. Immerhin hatte der Senior mit aus Schweinsgelatine und Zuckerrübenpampe hergestellten Süßwaren in den Goldenen Zwanzigern ein kleines Vermögen verdient. Mit dem Kampfschrei »Er hätte es so gewollt!« stürzten die Brüder sich in die Arbeit, und schon bald hatte Haribo das Monopol für gummiartige Kamellen und von der Burgess-Fauna inspiriertes Konfekt in ganz Nordsüdwestfalen.

In einer stürmischen Gewitternacht am 7. Juli 1947 aber kam es zu einem Ereignis, das nicht nur das Leben der beiden Brüder, sondern die gesamte deutsche Nachkriegsgeschichte auf das Nachhaltigste prägen sollte. Es hatte schwere Blitzeinschläge gegeben, und als Hans am Morgen zur Arbeit kam, fand er die Werkshalle von quietschbuntem, künstlichem Leben erfüllt. Hunderttausende kleine Gelatinehomunkuli tollten vergnügt herum, und als sie des Eintretenden gewahr wurden, scharten sie sich um ihn, kletterten an ihm hoch und bedeckten ihn mit Küssen – sie hielten ihn wohl für ihren Vater. Und es hörte nicht auf: Immer neue Scharen von Homunkuli entstiegen dem blubbernden Kessel und wuselten millionenfach umher. Hans brachte es nicht übers Herz, die »Gummibärchen«, wie er sie liebevoll nannte, zu Nahrungsmitteln zu degradieren und an die Kundschaft zu verfüttern.

Dafür fand er schnell heraus, dass die kleinen Geschöpfe gehorsame und unermüdliche Arbeiter waren, und so setzte er sie zu Feld- und Bauarbeit ein. Das rief jedoch die beschränkten Dörfler auf den Plan, die wider das »Hexenwerk« und die »teuflischen Kobolde« Sturm liefen. Anfang August mussten die Brüder mit ihren Gummibärchen bei Nacht und Nebel vor dem mordlustigen Pöbel fliehen, der einen Scheiterhaufen aus Lakritzschnecken errichtet hatte.

Auf der Flucht nach Süden erreichten sie die Siedlung Bonn, damals nicht viel mehr als eine primitive Ansammlung von Pfahlbauten und Torfiglus an einem versumpften Seitenarm des Rheins. Die genügsamen Einwohner lebten hier seit dem Pleistozän in idyllischer Abgeschiedenheit und bescheidenem Wohlstand. Nur in Bonn-Kessenich, da herrschten Not und Armut. Wo die Nachbarstämme prosperierten, waren die fantasievollen, aber wenig praktischen Kessenicher nacheinander an der Zucht von Zwergflusspferden, Quastenflossern, Kaurimuscheln und essbaren Orchideen gescheitert. Und hier, endlich, fand Hans freundliche Aufnahme und eine neue Heimat für sich und seine Bärchen. Der Stammes-Schamane der Kessenicher erkannte in ihm »Doktor«, den großen weißen Erlöser aus den uralten Legenden seines Volkes, die bis ins goldene Zeitalter der Neandertaler zurückreichten.

Die Gummibärchen packten an, und binnen weniger Monate verfügte Kessenich über ein Postamt, eine Grundschule, eine

Turnhalle, ein Braustübl, eine Feuerwache, einen Karnevals-
verein und eine florierende dienstleistende Industrie. Chop
Cutlett, der Militärgouverneur von Bonn, wurde auf den raschen Aufschwung aufmerksam und bestellte Doktor Hans
Riegel, wie er sich jetzt offiziell nannte, in seine Chefbaracke.

Ob der Haribo-Konzern den Kessenicher Aufschwung nicht
auf ganz Bonn ausdehnen könne? Die Ausschreibung für eine
neue Hauptstadt Deutschlands sei nämlich am Laufen, und
eine Bewerbung Bonns mit der Gummibärchenpower von Haribo im Rücken hätte sicherlich gute Chancen. Die Dossiers
der anderen Bewerber, Dinkelsbühl, Wacken und Weil am
Rhein, seien wenig erfolgversprechend.

Am Tag darauf trat Hans Riegel vor die Bonner Häupt-
lingsversammlung, und die Stämme beschlossen, das Projekt
durchzuziehen. Etwas Besseres als Berlin fand man ja überall,
warum also nicht in Bonn.

Riegels Gummibärchen erbauten im Nullkommanichts
Theater, Museen, Jugendstilvillen, Regierungsgebäude, Ka-
sernen, Bahnhöfe, Schrebergärten und was sonst so zu einer
amtlichen Hauptstadt dazugehört. Kurz darauf beauftragten
die Amerikaner Haribo mit einem weiteren bahnbrechenden
Prestigeprojekt: der Umsetzung des Marshmallow-Plans, im
Volksmund auch als Wirtschaftswunder bekannt. In Erman-
gelung humaner Arbeitskräfte wurden Riegels nimmermüde
Homunkuli für den raschen Wiederaufbau überall in West-
deutschland eingesetzt.

In Kessenich dampften die Kessel Tag und Nacht, und die
neue Bundeshauptstadt wuchs vom hässlichen Moorentlein
zum stolzen Rheinschwan heran. Hans Riegel hatte inzwischen herausgefunden, dass seine Homunkuli, wenn man sie
in Wasser einweichte, auf das Vielfache ihrer normalen Größe
anschwollen und so noch mehr und schwerere Arbeit verrich-
ten konnten. Als er den Ratschlag des Verwalters seines Steier-

märker Jagdguts befolgte und statt Wasser eine Mischung aus Wodka und Stierhodenextrakt (Taurin) benutzte, entwickelten die Homunkuli zusätzlich übermenschliche Kräfte.

Doch gerade als alles bestens zu laufen schien, braute sich in Hansens Vorgarten Gefahr zusammen. Eugen Verpoorten, Besitzer einer gut gehenden Eierkuchenmanufaktur in Bonn-Dottendorf, hatte sich auch bei den Alliierten um die Ausrichtung des Wirtschaftswunders beworben, war jedoch abgelehnt worden. In jener mysteriösen Julinacht hatte in seinem Werk ebenfalls der Blitz eingeschlagen und künstliches Leben aus Mehl und Eidotter erschaffen. Die gewaltigen Verpoorten'schen Dotterkolosse, flugunfähige gelbe Riesenhühner, groß wie Häuser, waren zwar als Krane, Planierraupen und Lasten-schlepper perfekt, für filigranere Arbeiten jedoch hoffnungs-los ungeeignet, weshalb Haribo den Zuschlag bekommen hat-te. Verbittert ließ Verpoorten Zehntausende Dotterkolosse auf Kessenich marschieren, um die Haribo-Werke plattzumachen. Durch seine amerikanischen Freunde vor der bevorstehenden Invasion gewarnt, mobilisierte Hans Riegel seine Gelatinele-gionen. Entlang der Poppelsdorfer Allee, die gerade mal breit genug war, dass höchstens zwei Dotterkolosse nebeneinander marschieren konnten, legten die Gummibären einen Hinter-halt. Als die schwerfälligen Dotterkolosse herangetrampelt ka-men, fielen die Bärchen unter Führung der Generäle Fritz und Walter über sie her. Die völlig überrumpelten Verpoorten-Di-visionen wurden von den Haribo-Truppen brutalst zermalmt. Plump und wenig manövrierfähig waren die mächtigen Rie-senhühner bald von bunten Teppichen aus Gummibären über-zogen, die sie mit Handmixern, Geflügelscheren und Käserei-ben pulverisierten.

Drei Tage und Nächte tobte die »Schlacht an der Poppels-dorfer Allee«, das Geheul der entfesselten Gummibären und das Gegacker der panischen Dotterkolosse in ihrer Agonie erfüllten die Luft, und am Ende musste Eugen Verpoorten die Kapitulation einreichen, um der vollständigen Vernichtung zu entgehen.

Die wenigen Hundert Dotterkolosse, die dem Zorn der Gummibärchen entgangen waren, wurden mit Alkohol betäubt und anschließend liquidiert und in Flaschen abgefüllt – es war die Geburtsstunde des Eierlikörs.

Diese Episode zeigte das zerstörerische Potenzial auf, das eine nicht friedliche Nutzung der Gummibärchen hatte, und ließ die Alliierten nachdenklich werden.

Das von Hans Riegels Haribo-Bären angetriebene Wirtschaftswunder war aber nicht aufzuhalten und fand seinen Höhepunkt 1954 im Wunder von Bern, als eine nur aus aufgeschwemmten und hochgespritzten Gelatinegolems bestehende Elf unter Fritz Walter überraschend die Fußball-WM für Deutschland gegen eine favorisierte ungarische Nugatmischung gewann.

Und so waren die Gummibären zu Goldbären geworden.

Doch die goldene Zeit der Bärchen sollte bald ein Ende nehmen. Bei einer Partie Badminton mit seinem Kumpel Konrad Adenauer erklärte dieser Hans Riegel, dass die Westmächte befürchteten, die Goldbären könnten zu militärischen Zwecken missbraucht werden. Oder andersrum gesagt: Man erlaube Deutschland nur dann eine reguläre eigene Armee, wenn die Gummibärchen demobilisiert würden.

Schweren Herzens entschloss Riegel sich, seine Gummibärchen zum Wohl des Vaterlands zurückzupfeifen und wieder auf Süßigkeitenfabrikation umzusteigen. Die Homunkuli zu passiven Naschwaren zu degradieren, war ihm zum Glück ein Leichtes: Seine Mutter war die Nachfahrin der letzten Runenmeisterin der Sugambrer gewesen, und unter ihren nachgelassenen Zaubersprüchen fand sich »ben zi bena, gelatine zi gelatina, sose gelimda«, der die Gummibären auf immer lähmte. (Zumindest solange man nicht »insprinc haptbandun, infar vigandum« laut ausspricht.)

Die Umstellung auf humane Arbeitskräfte gelang, doch die Magie der Gründerjahre war irgendwie verpufft. Statt mit Gummibärchen hatten die Riegels es jetzt mit echten Menschen zu tun, was Bruder Paul so sehr verschreckte, dass er für den Rest seines Lebens im Labor verschwand, wo er an neuen Rezepten und Lakritzwickelmaschinen werkelte. Hans blieb es überlassen, sich um die Geschäfte zu kümmern. So machte er erstmals Bekanntschaft mit bizarren neumodischen Konzepten wie »festes Gehalt«, »bezahlter Urlaub« oder »Grundrechte von Arbeitnehmern«. Die wenige Freizeit, die ihm die ewigen Forderungen seiner Untergebenen ließen, verbrachte er mit dem Ersinnen von Zaubersprüchen, die Kunden behexen sollten. Der bekannteste darunter ist sicherlich die Erweiterung von Vaters Einzeiler »Haribo macht Kinder froh« durch »und Erwachsene ebenso«, was die Zielgruppe für Lollis, Lutscher und Schnuller mit einem Schlag auf die Gesamtbevölkerung ausdehnte. Dass die angesprochenen Erwachsenen über die folgenden Jahrzehnte tatsächlich immer infantiler wurden, was im Endeffekt zu Thomas Gottschalk, Nina Hagen und Dschungelcamp führte, war ein amüsanter Nebeneffekt, mit dem Riegel wohl selbst nicht gerechnet hatte.

Die Siebziger- und Achtzigerjahre verliefen grandios. Haribo »schluckte« einen Konkurrenten nach dem anderen, und Hans Riegel entdeckte seine soziale Ader: Ganze Tage und Nächte verbrachte er mit dem Lesen der Post seiner Angestellten, um sich, wie er sagte, besser auf die Sorgen und Bedürfnisse seiner »kleinen Leute« einzustellen. Ansonsten lachte sich der Karnevalsprinz aus Leidenschaft bei *Sendung mit der Maus* und *Teletubbies* kaputt und organisierte mörderische Treibjagden auf seinen Jagdgütern.

Noch im hohen Alter von achtzig plus bestand er darauf, die Fäden seines Ladens in der Hand zu halten. Zu jeder Tages- und Nachtzeit ertönte sein irres Gekicher aus dem Büro, fast täglich tollte er vergnügt über die Laufbänder, mopste Süßigkeiten aus den Lagerhallen, spritzte Arbeiter mit der Wasserpistole nass oder legte Furzkissen und Stinkbomben aus.

Am schlimmsten unter seinen lustigen Scherzen litten die Neffen Hans-Tick, Hans-Trick und Hans-Track, die jahrzehntelang treu für die Firma arbeiteten, bis zuletzt in der Hoffnung, der Alte würde irgendwann einen von ihnen zu seinem Stellvertreter befördern.

Am 15. Oktober 2013 wurde Hans Riegel tot in einer Badewanne voll Eierlikör treibend gefunden. Die Polizei ließ verlautbaren, sie ermittle in alle Richtungen. Ein später Racheakt der Verpoortens könne ebenso wenig ausgeschlossen werden wie ein misslungener Lausbubenstreich der Neffen ...

Kurz nach dem Begräbnis Hans Riegels kam es zu einer rätselhaften Welle von Einbrüchen in Supermärkten in und um Bonn. Die Diebe hinterließen keine Spuren und stahlen nichts außer Gummibärchen.

Die Täter konnten nie gefasst werden, allerdings erzählten sich die Leute, dass jede Nacht kleine bunte Homunkuli schluchzend über den Friedhof wanderten und sich am Grab von Hans Riegel versammelten.

Und bis heute heißt es in Kessenich, wenn der Herbstwind nachts um die Häuser heult: Das sind die Goldbären, die um ihren Vater weinen.

# FRIEDEN UND KRIEG
## EIN LIED VON STAUB UND STÄRKE

*Erstes Kapitel*

Sie waren aus der Bäckerei gekommen, die Neuen. Sie sahen aus wie Silberfischchen, waren etwa so groß wie Silberfischchen, aber es waren keine Silberfischchen, denn ihre Haut war nicht silbrig. Sie hatten eine unscheinbare Färbung, irgendwo zwischen Mausgrau und Milchkaffee. Außerdem sprachen sie kein Hochsilberfisch, sondern ein uriges Platt. Man konnte sich verständigen, aber es klang erst mal komisch. Sie nannten sich Ofenfischchen.

Über Generationen hinweg hatte es kaum Kontakt gegeben. Die Silberfischchen wohnten im ersten Stock, bei Oma Küppers und ihren Katzen, die Ofenfischchen unten in der Bäckerei Odenthal. Dort war das Klima heiß, geradezu subtropisch, und es ging deutlich hektischer zu als im Küppers-Haushalt. Die Silberfischchen hatten oft über den Lärm gejammert, der fast täglich aus dem Erdgeschoss kam und bis in alle Ritzen drang. Und man hatte sich gefragt, wie diese Fischchen da unten das aushielten.

Dann aber beschloss der alte Bäcker Odenthal, sich zur Ruhe zu setzen. Die Konkurrenz durch das neue Einkaufszentrum hatte den Geschäften gar nicht gutgetan. Außerdem ging er auf die siebzig zu, und die Beine und der Rücken taten's nicht mehr so wie früher. Die Kinder hatten beide studiert und gut bezahlte Jobs, dementsprechend kein Interesse daran, das Geschäft weiterzuführen. Es fand sich auch sonst niemand, der die Bäckerei übernehmen wollte, sodass der Traditionsbetrieb Odenthal seine Pforten für immer schloss. Nicht viel später eröffnete ein Laden für Büromaterial im Erdgeschoss. Das führte zu einem drastischen Klimawandel in der Heimat der wärmeliebenden Ofenfischchen, die Temperaturen fielen um fast zehn Grad. Außerdem fand sich nicht mehr genug Nahrung für das Volk. Zu allem Überfluss wurden sie auch noch dreimal die Woche abends von einer Putzfrau drangsaliert, wohingegen Bäcker Odenthal einen eher laxen Umgang mit Hygiene gepflegt hatte. Ofenfischchen konnten zwar einige Wochen ohne Nahrung durchhalten, aber als klar wurde, dass die Bäckerei Odenthal endgültig Geschichte war, beschlossen sie auszuwandern.

So kam es, dass eines Abends eine Ofenfischchenexpedition aus dem Abfluss von Oma Küppers Badewanne kletterte, geradewegs in die Arme von zehn Silberfischchen. Es handelte sich um die 4. Kompanie des 2. Bataillons der Ohrwurmwacht, die sofort ihre Musketen auf die Eindringlinge richtete. Der diensthabende Wannenwebel Hinz erkannte allerdings gleich, dass es sich bei den Neuankömmlingen nicht um mordlustige Ohrwürmer handelte, sondern um die merkwürdigen Verwandten aus dem Erdgeschoss. Er befahl der Wachmannschaft, ihre Waffen sinken zu lassen, und fragte die Ofenfischchen nach ihrem Begehr.

Der Anführer der Delegation, Colonel Zé Roberto, erklärte die Lage und bat im Namen seines Volkes um Asyl.

»Hrm, hrm«, räusperte sich Wannenwebel Hinz. »Und wie viele der Ihrigen mögen das etwa sein?«

Zé Roberto nannte ihm eine Zahl, die er sicherheitshalber ein wenig nach unten abgerundet hatte, sodass es im dreistelligen Bereich blieb. Ohnehin starben im Moment mehr Ofenfischchen weg, als neue geboren wurden.

»Ist natürlich nur eine grobe Schätzung«, brachte sich Unteroffizier Edmilson ein. »Die letzte Volkszählung liegt Generationen zurück.«

»Generationen zurück, soso«, brummte Hinz und wackelte missbilligend mit dem Kopf. »Das ist eine Entscheidung von großer Tragweite, die muss vor die Räteversammlung.« Daraufhin eskortierte er die Ofenfischchen nach Dormitorium, Hauptstadt der Silberfischchen, die sich über die Dielenritzenlandschaft rund um die immerfeuchte Stelle unter Oma Küppers' Bett erstreckte.

Die Ofenfischchen fröstelten sichtlich, als es vom Badezimmer durch den eisigen Flur ging, vorbei an den schwer bewaffneten Posten des Spinnenschutzes, die zackig salutierten. Dafür war es im Schlafzimmer umso wärmer, denn wie viele alte Leute war Oma Küppers äußerst kälteempfindlich und drehte die Heizung hier immer bis zum Anschlag auf.

In Dormitorium, wo gerade das Berufsleben erwachte, wurden die Fremden neugierig, aber nicht unfreundlich von Passanten beäugt. Wannenwebel Hinz führte sie in die labyrinthische Kapitolhöhlung, wo sich der Regierungssitz befand, und scheuchte die diensthabenden Bürokraten auf. Im Nu waren Depeschen an alle wichtigen Silberfischchen unterwegs, und die Räte trudelten nach und nach ein und nahmen auf ihren Sitzen im Plenarsaal Platz. Herr Schmitz, der Erste Zuckergast (wie der Premierminister bei den Silberfischchen heißt), traf vor allen anderen ein. Bodenständig, wie er war, unterhielt er sich sogleich auf Augenhöhe mit den Ofenfischchen und hörte sich ihre traurige Geschichte an. Nein, hier im Schlafzimmer sei leider kein Platz, erklärte er betrübt, alles total zersiedelt, aber keine Sorge, der Flur käme selbstverständlich auch nicht infrage, viel zu kalt und unwirtlich. Dazu kaum natürliche

Ressourcen und von Spinnen verseucht. »Aber wenn ich es recht verstanden habe, mögen die Ofenfischchen es warm, nicht wahr?« Zé Roberto nickte.

Nun, er habe da so eine Idee, wo man die Asylsuchenden ansiedeln könne. Aber dazu später mehr, erst mal müsse der Rat der Zwölf Zuckergäste zusammenkommen. Die Ofenfischchen nickten dankbar und langten bei den Häppchen zu, die von Praktikanten gereicht wurden. Man merkte gut, dass sie seit Ewigkeiten nichts Rechtes mehr gegessen hatten. Wie Verhungernde stürzten sie sich auf marinierte Milbenschenkel, eingelegte Katzenhaare, zuckersüße Papierknödel aus Rosamunde-Pilcher-Büchern, knusprige Tapetenkleistertörtchen und andere Leckerbissen aus der für ihre kulinarische Raffinesse bekannten Silberfischküche.

Unterdessen zogen sich die zwölf zum Gespräch in ein Hinterzimmer zurück, und für die Ofenfischchen begann ein banges Warten.

Zum Glück mussten sie nicht allzu lange warten.

»Die Küchenprovinz!«, verkündete Frau Borowka, Zweiter Zuckergast und Erste Regierungssprecherin, eine knappe Stunde später. Die Silberfischchen in ihrer Güte stellten den armen Verwandten »von da unten« die Küche zur Verfügung, jawohl, die komplette Küche, also die zweitgeräumigste und wärmste Provinz des Landes. Bad und Wohnzimmer wurden von den Silberfischchen selbst genutzt, da war kein Platz für so viele Flüchtlinge. Die Küche hingegen war kaum erschlossen, bot schier unendliche natürliche Ressourcen und war demzufolge wie geschaffen als Siedlungsgebiet für die Ofenfischchen.

Mit 31 Ja-Stimmen, einer Enthaltung und einem Nein beschloss die Räteversammlung, den Ofenfischchen die Küche zu überlassen. Über die genauen Konditionen und Modalitäten würde man dann noch diskutieren. Die einzige Nein-Stimme kam übrigens von Herrn Bertelmann, Vorsitzender der Bibliotheksgilde, also jener Silberfischchen, welche die Papierbestände in Buchform verwalteten und abernteten. Bibliothekare galten allgemein als leicht verschroben, weil sie Bücher auch lasen und memorierten, damit das Wissen aus den von der Lebensmittelindustrie verbrauchten Papierressourcen nicht gänzlich verloren ging. Was wichtig war für die Volksbildung, schon klar, aber bei einigen Bibliothekaren zu einer Überdosis an Bildung geführt hatte. Herr Bertelmann zum Beispiel hatte so viele Westernheftchen und Karl-May-Bände aus dem Nachlass von Opa Küppers verschlungen, dass es bei ihm zu einer Indianerobsession gekommen war.

»Wir müssen uns an die amerikanischen Ureinwohner erinnern«, sprach er vor der Versammlung. »Sie haben den weißen Mann freundlich empfangen, und was war der Dank?« Herr Bertelmann machte eine Pause und blickte herausfordernd ins Rund des Plenarsaals. Einige Zuschauer gähnten, andere grinsten. Ratspräsident Niedecken zog seine Taschenuhr hervor. »Ich sage es Ihnen ganz unverblümt: Vertrieben wurden sie, jawohl! Verjagt, betrogen und gedemütigt. Die Erste Nation Amerikas, in Reservate gepfercht! Wollen Sie in einem Reservat leben, meine Damen und Herren, irgendwo unter einer kalten Fensterbank oder zwischen Dielenritzen im Hausflur? Soll Schwester Milbe den Weg von Bruder Bison gehen? Nein und noch mal nein! Nein zum Genozid an unserem Volk, nein zu ...«

Ratspräsident Niedecken unterbrach ihn glöckchenklingelnd: »Ihre Redezeit ist abgelaufen, mein guter Herr.«

Besonders bedrohlich wirkte das Häuflein Ofenfischchen, das sich in einer Ecke des Saals zusammendrängte, aber keinesfalls, und so gelang es Herrn Bertelmann nicht, weitere Anhänger für seine Position zu gewinnen. »Ihr werdet euch noch an meine Worte erinnern!«, schimpfte er, während zwei Saalordner ihn zurück zu seinem Sitz geleiteten. »Spätestens wenn es längst zu spät ist ...«

Als Erstes wurde ein Gipfeltreffen mit der Regierung der Ofenfischchen vereinbart. Arbeitspapiere und Verträge galt es aufzusetzen, die Besichtigung der Küche war vorzubereiten, kurz, es kamen hektische Tage auf die Silberfischadministration zu.
Colonel Zé Roberto und die Seinen kehrten mit der frohen Botschaft zu ihrem Volk zurück, und alle Teilnehmer der Expedition freuten sich auf eine Beförderung, oder zumindest eine hübsche Medaille, aber natürlich vor allem darauf, die Wegzehrung, die ihnen die Silberfischchen mitgegeben hatten, unter ihren hungernden Landsleuten zu verteilen.

Die Küche war tatsächlich unbesiedelt, trotz ihres Ressourcenreichtums. Das lag daran, dass man den Ohrwürmern, die im Rest der Wohnung praktisch ausgerottet waren, dort niemals Herr geworden war. Es gab einfach zu viele Zugänge, das große Küchenfenster und vor allem die Balkontür waren nicht unter Kontrolle zu bekommen. Hinter der Balkontür lag das lebensfeindliche Balkonterritorium, eine No-go-Area, allein schon wegen des hohen Aufkommens an Singvögeln, Kreuzspinnen und anderen Raubtieren. Außerdem herrschte dort, wie überall außerhalb des Hauses, jenes mysteriöse Phänomen namens »Wetter«. Während Oma Küppers in der restlichen Wohnung kaum je lüftete, unternahm sie regelmäßig Ausflüge auf den Balkon, wegen der Blumen, die sie dort züchtete. Daher stand die Balkontür viel zu häufig offen, was das ungehinderte Eindringen von Schadinsekten und Fressfeinden ermöglichte. Die Silberfischchen hatten die Küche nach mehreren gescheiterten Kolonisierungsversuchen als möglichen Besiedlungsraum aufgegeben. Ein befestigter Außenposten der Ohrwurmwacht befand sich hinter einer Bodenleiste gleich neben der Tür zum Flur. Gelegentlich brachen von reichen Investoren finanzierte Expeditionen in die Küche auf, um an wertvolle Ressourcen wie Mehl, Zucker oder Stärke zu gelangen. Normalerweise wurden diese von der Krümelsammler-Innung in mühevoller Kleinarbeit unter Wohnzimmertisch oder Fernsehsessel, wo Oma Küppers ihre Mahlzeiten einnahm, zusammengeklaubt.

Die Küchenprovinz lag ein wenig abseits. Der Flur verlief quer durch das Silberfischland und war eine natürliche Barriere; auf der linken Seite von der Eingangstür gesehen lagen Küche und Schlafzimmer, rechts befanden sich Bad und Wohnzimmer. Bad und Schlafzimmer waren durch einen Tunnel verbunden, der an einem Wasserrohr entlangführte. Um in die Küche zu gelangen, musste man hingegen den Flur überqueren, spärlich besiedeltes Brachland, in dem rund um die Uhr der Spinnenschutz patrouillierte. Ganz am Ende des Flurs lag die Kalte Einöde, das unbenutzte Zimmer, wo die Küppers-Tochter bis zu ihrem Auszug vor über dreißig Jahren gewohnt hatte. Seither hatte sich dort nichts verändert. Es war ungeheizt, staubig und unwirtlich. Die Armee führte gelegentlich Manöver in der trostlosen Ebene unter den zerfledderten *Smokie*- und Udo-Lindenberg-Postern durch. In einer angeknacksten Schneekugel, ganz oben auf dem Bücherregal, befand sich das Kloster Gipfelkreuz. Die Mönche von Gipfelkreuz verwalteten die Papierreserven der Kalten Einöde, fast nur Kinder- und Jugendliteratur, sowie den größten Schatz, die Panini-Alben.

Nun mussten die Silberfischchen aber erst mal die Küche auf Vordermann bringen für die neuen Bewohner. Zwar hatten diese kaum eine andere Wahl, als anzunehmen, was die Silberfischchen ihnen anboten, andernfalls hätten sie auf den wüsten Dachboden ziehen müssen. Oder in den kalten Keller, um den sich schaurige Legenden rankten. Oder gleich in einem anderen Haus Asyl suchen – kaum vorstellbar für die Silberfischchen, deren Vorfahren laut den Annalen anno 1481, kurz nachdem das Haus erbaut wurde, hier eingezogen waren. In den letzten Jahrhunderten hatte kein einziges Silberfischchen das Gebäude je verlassen, hinaus ins unerforschte Draußen.

Draußen. Das war die Heimat von Ohrwürmern, Hundertfüßlern, Wespen und anderen Fehltritten der Natur, das war, wo es regnete, stürmte, schneite, und wenn nicht, dann brannte die gleißende Sonne vom Himmel herab. Nein, andere Häuser waren unerreichbar, die Reise dorthin hätte den sicheren Tod der gesamten Ofenfischpopulation bedeutet.

Insofern war klar, dass diese das Küchenangebot annehmen mussten. Aber dennoch war es bestimmt besser für alle Beteiligten, wenn sie vor dem Einzug in ihre neue Bleibe keine Ohrwürmer zu Gesicht bekamen.

Spinnenschutz, Ohrwurmwacht und sogar die Wespenwehr wurden mobilisiert, um die Küche ohrwurmfrei zu bekommen. Zum Glück war Anfang Dezember, und im Winter machten Ohrwürmer sich rar. Auch Herr Bertelmann und seine Bogenschützen – er war Gründer des Bogenschützenvereins Die Verrückten Pferde e.V. – waren angerückt, um den Soldaten im Angriffsfall Feuerschutz zu geben. Aber es gab nicht viel zu vermelden, man fand lediglich einige Ohrwurmskelette, nebst anderen toten Insekten, die alle abtransportiert wurden, für die Edelrestaurants und Gourmetküchen von Dormitorium, Chippendal und Kloburg. Fünf Weberknechte wurden vom Spinnenschutz erlegt, harmlose Tiere, wenn man von der Stinkdrüse absah. Für die Verwendung in der Gastronomie war ihr zähes übel riechendes Fleisch nicht zu gebrauchen, aber Weberknechtpenisse galten in der Silberfischmedizin als Allheilmittel.

Drei Nächte und zwei Tage dauerte »Operation Clean-up«, und es kam nur zu einer kurzen Kampfhandlung, als eine riesige, haarige Hausspinne aus einer Ecke heraus attackierte. Sie tötete zwei Spinnenschutzmilizen, bevor sie angesichts der geballten Masse an Silberfischmilitär die Flucht ergriff und Richtung Hausflur verschwand.

Der Operation angeschlossen hatte sich die West-Wohnzimmer-Gesellschaft, deren Geschäftsführer, Herr Schmitz, ein Cousin vom Ersten Zuckergast war. Die WWG hatte mit der Regierung einen klassischen Win-win-Deal abgeschlossen. Gegen eine kleine Spende in die Staatskasse bekam sie erlaubt, die natürlichen Ressourcen der Küchenprovinz während der Säuberungsaktion zu plündern.

Der unerschöpfliche Reichtum der Küchenschränke und -regale warf unter den anwesenden Prospektoren die Frage auf, ob man die Küche nicht doch lieber für die Silberfischchen beanspruchen sollte. Allerdings hatten sie es jahrzehntelang nicht geschafft, die Provinz unter Kontrolle zu bekommen.

Mal schauen, wie sich die Neuen in dem wilden Territorium schlagen würden, dachten die Silberfischchen. Über die militärische Stärke der Ofenfischchen war so gut wie nichts bekannt.


*Zweites Kapitel*

Vier Nächte später traf Präsident Nascimento, politisches Oberhaupt der Ofenfischchen, in der Badewanne ein, begleitet von einer Delegation aus festlich geschmückten Herrschaften und ordenbehangenen Militärs samt Bediensteten und hellebardenbewehrten Leibwachen. Auch die Silberfischchen hatten sich feingemacht, die Herren Politiker allesamt in feinstem

Zwirn und Zylinder, die Damen in ihren schönsten Mottenflügelkleidern und Milbenpelzen. Die Zuckergastgarde in der Sonntagsrüstung aus blank poliertem Schmeißfliegenchitin empfing die Besucher mit Trommelwirbel, Säbelrasseln und Fanfarengedröhn auf dem Rathausplatz von Kloburg, Hauptstadt der Bäderprovinz.

Präsident Nascimento hätte am liebsten sofort die Küche besichtigt, aber natürlich mussten ein striktes Zeremoniell befolgt und das offizielle Protokoll eingehalten werden. Zuerst wurde das prächtige Thermalbad von Sankt-Bidet besichtigt, bevor eine emotionale Gedenkfeier bei den Soldatengräbern und Kriegerdenkmälern von Kloburg zelebriert wurde. Die Ofenfischchen zeigten sich angemessen beeindruckt vom Emaille-Prunk und der ganzen Historie und benahmen sich auch sonst recht manierlich. Nur Präsident Nascimento murrte, dass da unten seine Landsleute an Hunger starben, während er hier Tourist spielen musste. Nach einem kurzen Lunch (Kamelhaarmantelsuppe mit Einlage) ging die Reise weiter zur Hauptstadt des Silberfischlandes, wo Zimmer in den besten Löchern am Platz für die Ofenfischchen reserviert waren. Der Tunnel Bad-Schlafzimmer war extra für den Berufsverkehr gesperrt, damit man auf diesem Weg schnell und störungsfrei reisen konnte und nicht durch den Flur musste. Dort war in den letzten Tagen ein signifikant höheres Spinnenaufkommen verzeichnet worden, weil der gesamte Spinnenschutz bei Operation Clean-up im Einsatz gewesen war.

Das offizielle Staatsbankett fand im frisch restaurierten Königinnensaal statt, einem der letzten Relikte der mythischen Ameisenzivilisation, die in antiken Zeiten hier eine Kolonie unterhalten hatte. Die hohen Wände waren dekoriert mit Briefmarken, Spinnenfellen, Ohrwurmzangen und vier grimmig dreinschauenden Wespenschädeln. Letztere stammten allerdings von Tieren, die man tot aufgefunden hatte, da es den Silberfischchen noch nie gelungen war, eine Wespe zu erlegen. Aber das musste man den Gästen ja nicht unter die Nase binden. Die Militärkapelle spielte die beliebtesten Märsche und Tanzdielenfeger, nur gelegentlich von Oma Küppers' Schnarchschüben unterbrochen. Die hochrangigen Silberfischchen und ihre edlen Gäste parlierten auf das Vornehmste und delektierten sich an frischem Eifelkrimisalat, zarten Babyspinnen, bunten Tapetenteilchen, fetten Milbenleberpasteten, dicken Schnakenblutwürsten, würzigem Schimmelpilzrisotto, fermentiertem Kartoffelpüree und anderen Delikatessen. Herr Schmitz und Präsident Nascimento saßen gleichberechtigt nebeneinander am Kopf des festlich dekorierten Tisches; der Erste Zuckergast hatte darauf bestanden, das Bankett gemeinsam zu präsidieren, um seinem Amtskollegen die gebührende Ehre zu erweisen. Die Staatsoberhäupter schienen sich gut zu verstehen, und als bei ungezwungenem Smalltalk herauskam, dass beide für denselben Fußballverein, den FC, fieberten, war das Eis endgültig gebrochen.

Beim Nachtisch (Zuckerpudding mit Zuckerglasur) war die ganze Gesellschaft mehr oder minder angetütert vom starken Klebstofflikör, und die Stimmung wurde locker. Die jüngeren unter den Ofenfischgästen rückten Tische und Stühle beiseite und tanzten spontan einen Dankbarkeitstanz für ihre Gastgeber. Die Silberfischchen waren sehr angetan von der künstlerischen Qualität der Darbietung sowie der Grazie und Biegsamkeit der jungen Leute. Da wollte Herr Schmitz nicht nachstehen und ebenfalls zeigen, wie kulturell hochstehend sein Volk war. Flugs wurde ein improvisierter Chor zusammengestellt, der alte Silberfischvolksweisen schmetterte. Der Applaus war groß und ebbte nicht ab, als Präsident Nascimento den Tisch erkletterte und eine Parodie von Bäcker Odenthal zum Besten gab. Die Silberfischchen lachten sich kaputt. Im klassischen Silberfischtheater waren Menschen nämlich ein beliebtes Komödienpersonal, vor allem als komische Nebenfiguren. Der Staatsdichter, Herr Böllmüller, war so inspiriert, dass er gleich an Ort und Stelle ein neues Stück zu schreiben begann: Der Bäcker und das Brot.

Nach diesem gelungenen Auftakt des ersten Staatsbesuchs überhaupt im Silberfischland herrschte allgemein Einigkeit, dass man es durchaus schlechter hätte treffen können mit den neuen Nachbarn. Bei Geplauder über Gott und die Welt hatte sich zudem herausgestellt, dass Ofenfischchen katholisch waren, genau wie die Silberfischchen. Damit waren Religionskriege von vornherein ausgeschlossen. Die Kakerlakenkriege lagen zwar Jahrzehnte zurück, aber die Erinnerung an die harten Auseinandersetzungen mit den parasitären Hugenottenschaben lebte im kollektiven Gedächtnis der Nation fort. Erst die rasch vorangetriebene Entwicklung der Feldartillerie hatte den Silberfischchen am Ende den Sieg in einem bitteren und schmutzigen Krieg gebracht.

In der nächsten Nacht stand ein Besuch des Wohnzimmers auf dem Programm, der kulturelle Höhepunkt des Staatsbesuchs, bevor die Besichtigung der Küche in Angriff genommen wurde.

Die Hauptstadt der Wohnzimmerprovinz war Chippendal, wo sich nicht nur Staatsuniversität und Nationalbibliothek befanden, sondern auch das Oma-Küppers-Museum, das über die größte Nippesfigurensammlung des bekannten Universums verfügte. Der Opa-Küppers-Park mit den Zinnsoldaten und -kanonen war dagegen Geschichte. Oma Küppers hatte die Bestände nach Opas Tod entsorgt, um mehr Platz für ihre Porzellanmegalithen zu schaffen. Zum Glück hatte sie seine Bücher nicht mit entsorgt, sodass die Staatsbibliothek in

Schrankweil den Silberfischchen erhalten geblieben war, mit ihren wertvollen Wissensschätzen über Militärhistorie, Metallurgie, Sagen des klassischen Altertums und andere wichtige Fächer.

Die Ofenfischchen wirkten insgesamt etwas übernächtigt, und ihr Präsident klagte über starke Kopfschmerzen. Vielleicht war es ihm etwas zu viel an Kultur, in der Bäckerei hatte Literatur sicher keine große Rolle gespielt ... In einer spontanen humanistischen Aufwallung versicherte Herr Schmitz seinem neuen Freund, dass er dessen Volk die Nutzung der Bibliotheken erlauben würde (nur zum Lesen, nicht zum Essen selbstverständlich) und höchstpersönlich dafür Sorge tragen werde, dass dem Mietvertrag ein entsprechender Paragraf beigefügt wurde.

Mietvertrag?

Präsident Nascimento guckte verdutzt und rieb sich die Augen. Davon hörte er zum ersten Mal.

»Jaja«, sagte Herr Schmitz. »Nur eine klitzekleine Formalität. Die Herren Wirtschaftsminister werden das alles unter sich ausmachen. Wir beiden Hübschen wollen uns diesen schönen Tag doch nicht mit schnöder Arbeit verderben, nicht wahr?« Ob er schon von Knut Hamsuns »Hunger« gekostet habe? Total exquisiter Schinken.

Hunger. Knut Hamsun.

Das war das Stichwort für Herrn Möller, den Wirtschaftsminister der Silberfischchen, mit den Verhandlungen zu beginnen. Zielstrebig steuerte er auf Doktor Ronaldo, seinen Amtskollegen, zu, der sich bereits dreimal übergeben hatte. Herr Möller dagegen war topfit. Das komplette Wirtschaftsministerium war gestern vom Bankett beurlaubt gewesen, um bei den Vertragsverhandlungen einen klaren Kopf zu haben. Mit geübten Gesten seiner vier Arme blätterte Herr Möller durch den 117-seitigen Mietvertrag und erklärte seinem Kollegen, der sichtlich Mühe hatte, sich auf den Beinen zu halten, das Kleingedruckte.

Präsident Nascimento wollte hinzustoßen, um das Dokument einzusehen, doch Herr Schmitz bugsierte ihn zum nächsten Buch, er musste doch unbedingt noch die exotischen Genüsse von Otto Schmeils »Leitfaden der Tierkunde« goutieren, bevor die Parade der Wespenwehr begann, das war immer ein sehr farbenprächtiges Spektakel. Nascimento musste sich fügen, wollte er nicht einen diplomatischen Zwischenfall riskieren.

Die Wespenwehr war wenig mehr als eine dekorative Kirmestruppe. In der Regel war es Oma Küppers, die Wespen unschädlich machte. Entweder durch unerschrockenen eigenen Einsatz oder mithilfe eines Spezialisten, falls es sich um ein ganzes Nest handelte. Vor einigen Jahren war ein solches in einem Rollladenkasten entdeckt worden, und da war ein Kammerjäger angerückt. Tausende Wespen waren an einem einzigen Tag gefallen. Eine gute Sache einerseits, andererseits aber auch recht gruselig. Von daher waren die Silberfischchen, deren Oberschicht 48 Stunden in den Insektizidschutzbunkern von Dormitorium ausgeharrt hatte, froh gewesen, als der maskierte Mensch abgezogen war und der Alltag wieder einkehrte. Schade allerdings, dass Oma Küppers nie auf die Idee kam, diesen Kammerjäger mal einzusetzen, um den Ohrwürmern den Garaus zu machen. Aber die traten nicht gleich in Staaten auf, da war der Aufwand vermutlich zu groß, gerade auch finanziell.

Der eigentliche Job der Wespenwehr war es, Motten und Bücherwürmer von Bibliotheken und Kleiderschränken fernzuhalten, eine leichte und ungefährliche Aufgabe. Mit Wespen selbst hatten sie nie zu tun, die waren ja ohnehin tagaktiv, und man bekam selten welche zu Gesicht. Ein totes Exemplar zu finden, war großes Glück, nicht nur wegen der Panzer, die von der Chitin verarbeitenden Rüstungsindustrie in Gold aufgewogen wurden, sondern auch wegen des Giftes, das in der Pharmazie Verwendung fand.

Zur Wespenwehr kam man durch Protektion, und so bestand diese militärische Einheit ausschließlich aus Söhnen und Töchtern hochrangiger Silberfischchen. Junge Leute, die ihr Studium und danach eine Karriere in Politik, Justiz, Handel oder Administration vor sich hatten, deshalb durften sie ihr Leben nicht im Wehrdienst gegen Spinnen und Ohrwürmer riskieren. Dafür waren sie einfach zu wertvoll für die Gesellschaft.

So zumindest hieß es offiziell. In Wahrheit handelte es sich um verwöhnte Reichenkinder, zumeist Schlappschwänze und Feiglinge, die zu nicht viel mehr zu gebrauchen waren, als Nachtfalter erschrecken. Militärisch war die Wespenwehr praktisch nutzlos, aber sie sahen gefährlich aus, in ihren schwarz-gelb gesteiften Fantasieuniformen und den imposanten Nashornkäferhörnerhelmen. Ihre Waffen waren Pistolen und Degen aus bunter Pappe, damit sie sich nicht selbst verletzten. Aus minderwertiger Pappe wohlgemerkt, damit sie sie nicht aufaßen. Aber rein optisch machte die Wespenwehr mächtig was her und war bei militärischen Aufmärschen immer der Blickfang.

Nach der Parade gelang es Präsident Nascimento, sich von Schmitzens Gastfreundlichkeit zu befreien, und er gesellte sich zu den Wirtschaftsministern und ihrem Gefolge. Herr Möller kam gerade zum Wesentlichen, zur monatlichen Miete. Der Präsident überflog die Liste:

5 Ballen Katzenhaare
2 Ballen Menschenhaare
1 Scheffel Puderzucker
3 Zylinder Kristallzucker
18 Sack Mehl
7 Schock Krümel
2 Batzen Kartoffel (ohne Schale)
4 Eimer Kleister
1 Menge Bier
3 Gran Gries
1 Schäufelchen Backhefe
5 Talente Schokolade (1 x Trauben-Nuss)
11 Körbchen Schimmelpilze
1 Stubenfliege (tot)
7 Fruchtfliegen (auch tot)
3 Tröpfchen Marmelade
1 Tröpflein Honig
½ Kistchen Kakaopulver
2 Unzen Vanillezucker
1,5 Reiskörner
2 Weberknechtpenisse (getrocknet & pulverisiert)

»Die Grundnahrungsmittel sind alle verzeichnet, soweit ich sehe«, sagte Nascimento. »Nur finde ich keine Hautschuppen. Oder mögt ihr keine Exuvien?«

Mit dieser Frage hatte Herr Möller durchaus gerechnet. Es war den Silberfischchen nämlich nicht entgangen, wie gierig die Ofenfischchen sich gestern im Nachtleben von Downtown Dormitorium auf Stände und Schnellimbisse gestürzt hatten, die frittierte Hautschuppen und anderen ungesunden Dreck feilboten. Bei den Silberfischchen galten Hautschuppen als Arme-Leute-Kost und typisches Kantinenessen, für Ofenfischchen dagegen waren sie offenbar eine Delikatesse. Es war fast zum Fremdschämen gewesen, die enthemmte Fresserei mit anzuschauen. Da in den Provinzen Bad und Schlafzimmer Hautschuppen in rauen Mengen vorhanden waren, brauchten die Silberfischchen wirklich keinen weiteren Überschuss in Form von Mietzahlungen.

»Hautschuppen, die in der Küche abfallen, sind alle für Sie. Kleines Willkommensgeschenk«, sagte Herr Möller gütig. »Um Ihnen den Start in der neuen Bleibe zu erleichtern.«

Präsident Nascimento bedankte sich freundlich und forderte seine Minister auf, es ihm nachzumachen.

Der erste Monat war ohnehin mietfrei, damit die Neuankömmlinge Zeit hatten, sich zu installieren und zu akklimatisieren, man war ja kein Uninsekt. Außerdem war bald Weihnachten, das sollten die zuletzt so arg gebeutelten Ofenfischchen halbwegs sorgenfrei feiern können. Das mit dem Mieterlass war eine Idee von Herrn Schmitz gewesen. Herr Möller und andere hohe Beamte aus dem Wirtschaftsministerium hatten den Vorschlag anfangs nicht gutgeheißen, aber für Herrn Schmitz war Nächstenliebe nun mal keine leere Floskel, und so hatte er sich am Ende durchgesetzt, indem er auf die Grundwerte des christlichen Silberfischlandes verwies.

Präsident Nascimento klappte den Ordner zusammen.

»Das scheint mir prinzipiell akzeptabel«, meinte er. »Falls die Küche wirklich so reich an Ressourcen ist, wie Sie behaupten.« Er bedachte Herrn Schmitz mit einem forschenden Blick. »Wir wollen ja nicht die Milbe im Sack kaufen, um es mal so auszudrücken. Wie wäre es also, wenn man das Rahmenprogramm ein wenig straffen und gleich mit der Besichtigung der Küche fortfahren könnte?«

»Natürlich, natürlich«, versicherte Schmitz. »Wir brechen sofort auf.«

## Drittes Kapitel

Kurz nach Mitternacht traf die ganze Gesellschaft in Fort Underberg ein, dem Außenposten in der Küchenprovinz. Die militärische Präsenz war für den Anlass verstärkt worden.

Die Elite-Füsiliere des dritten Bataillons der Ohrwurmwacht ließen zur Begrüßung ihre Musketen knallen, was die Ofenfischchen ebenso beeindruckte wie erschreckte. »Feuerwaffen scheinen sie also nicht zu kennen«, murmelte Herr Bademeister, der Verteidigungsminister, in sich hinein.

Die Artilleriebatterie Köpenick mit ihren acht blitzblanken Haubitzen erweckte großes Interesse, vor allem beim mitgereisten Ofenfischchenmilitär. Neugierig guckte der frisch gebackene General Zé Roberto in einen Kanonenlauf hinein.

»Das sind Gebirgshaubitzen, Herr Kollege. Lassen sich ganz einfach auseinandernehmen, für den Transport durch schwieriges Gelände, und am Zielort wieder zusammensetzen. Sind ein wenig leichter und kleinkalibriger als handelsübliche Feldhaubitzen«, erklärte Herr Konopka, Oberbefehlshaber der Ohrwurmwacht.

»Wie sieht es denn mit Ungeziefer aus?«, fragte Präsident Nascimento. »Diese Demonstration militärischer Stärke scheint mir darauf hinzudeuten, dass es um die Spinnensicherheit in dieser Provinz nicht allzu gut bestellt ist. Und was ist mit Ohrwürmern und anderem Gesindel?«

»Alles halb so wild, die Militärs wollen sich bloß wichtigmachen, kennt man ja von denen. Wann haben wir schon mal einen Staatsbesuch ...«, beschwichtigte Herr Schmitz und tätschelte ihm das Schultersegment.

Nascimento deutete in die Ferne, wo sich riesig das dunkle Rechteck der Balkontür abzeichnete. »Und der Zugang dort hinten scheint mir ein erhebliches Sicherheitsrisiko darzustellen.«

»Ach was«, sagte Herr Schmitz, »Sie werden selber sehen, dass wir bei der Besichtigung weder Ohrwurm noch Spinne antreffen.«

»Wir haben jetzt auch Winter«, sagte der Präsident. »Das wahre Ausmaß des Schädlingsaufkommens werden unsere Leute frühestens im Frühjahr feststellen.«

»Wenn Sie Wachmannschaften an der Schwelle zum Balkonterritorium und am Abfluss der Spüle positionieren, dürfte das dicke reichen, um die Sicherheit Ihrer Zivilisten zu gewährleisten«, schnarrte Herr Konopka.

»Sofern Sie über modern ausgerüstete und gut ausgebildete Truppen verfügen, sollten Sie eigentlich in der Lage sein, sich die paar Ohrwürmer vom Pelz zu halten«, fügte Herr Bademeister hinzu.

»In der Bäckerei Odenthal hatten unsere Streitkräfte mehr als genug Gelegenheit, sich im bewaffneten Kampf mit Ohrwürmern, Hornissen und anderen Invasoren zu bewähren, was glauben Sie denn!«, schnappte General Zé Roberto.

»Aber über Schusswaffen verfügt Ihr Heer offenbar nicht ...?«, säuselte Bademeister.

Zé Roberto schwieg.


»Batterie Köpenick ist einsatzbereit, meine Damen und Herren«, meldete Herr Konopka.

Herr Schmitz und die anderen Honoratioren wichen zurück. Das neue MK-IV-Modell war zwar einigermaßen sicher, seit Wochen hatte es keinen tödlichen Unfall mehr gegeben, aber man wusste ja nie. Diese Demonstration sollte nicht nur die Ofenfischchen beeindrucken, sondern verfolgte einen weiteren Zweck. Spinnen fürchteten sich nämlich vor Lärm und Detonationen. Exemplare, die womöglich bei der Säuberungsaktion durchgewischt waren, sollten für die Dauer der Besichtigung auf Distanz gehalten werden.

Nach der Salve grunzten die Herren beifällig, und die Damen kreischten entzückt. Nur Präsident Nascimento verdrehte die Augen und deutete demonstrativ auf seine Uhr.

Die Besichtigung der Küchenschränke zauberte dann aber sogar ein Lächeln auf das Gesicht des skeptischen Präsidenten. Die Ofenfischchen würden in Mehl baden und in Honig schwimmen, das war klar, selbst nach Abzug der Mietzahlungen. Die gigantische Schimmelpilzkultur hinter dem Kühlschrank versetzte sie vollends in Verzückung.

Nur einer behielt, bei aller Euphorie, einen kühlen Kopf: »Was ist Oma Küppers denn für ein Typ Mensch?«, wollte Präsident Nascimento wissen. Die Jüngste war sie ja nun gerade nicht, und die Ereignisse in der Bäckerei hatten das Vertrauen der Ofenfischchen in die Menschheit gründlich erschüttert.

Da konnte Herr Schmitz jedoch beruhigen: Oma Küppers war die Zuverlässigkeit in Person, erklärte er, ganz alte Schule. Er gab Herrn Schulz, dem Innenminister, einen Wink. Sogleich händigte dieser dem Präsidenten eine Kopie der vierzehnbändigen Oma-Küppers-Akte aus, in der alle wichtigen und unwichtigen Fakten über die Oma versammelt waren: ihre täglichen (und nächtlichen) Laufwege, sodass man den Pantoffelalarm danach einstellen konnte. Wie oft, was und wie viel sie einkaufte. Um wie viel Uhr sie aufstand und schlafen ging, wann sie ihr Bett frisch bezog, den Müll runterbrachte, wie viel Zeit sie im Bad verbrachte, wann und wie oft sie Hausputz machte, wie oft und welchen Besuch sie empfing und so weiter.

Auch die Katzen waren verzeichnet, Panther war sieben und Tiger neun Jahre alt. 67 Prozent ihrer Zeit verbrachten sie in der Küche. Oma Küppers hatte immer Katzen gehabt, und wenn eine starb, wurde sie unverzüglich durch ein neues Modell ersetzt, sodass man sich um den Katzenhaarnachschub keine Sorgen machen musste. Sie hatte eine Tochter, einen Schwiegersohn, zwei Enkel und drei Urenkelinnen. Die Tochter lebte in Köln und kam im Schnitt zweieinhalbmal pro Woche zu Besuch, Schwiegersohn, Enkel und Urenkelinnen zeigten sich höchstens an Feiertagen. Freundinnen und Freunde waren wenige übrig, die Oma hatte fast alle überlebt.

In den Jahrzehnten des Zusammenlebens war eine enzyklopädische Materialsammlung über Oma Küppers zusammengekommen. Niemand wusste mehr über sie als die Silberfischchen, wahrscheinlich nicht einmal die Oma selbst. Geschweige denn ihre nervige Tochter. Die rebellische Teenagerin, von der Überlieferungen früherer Generationen kündeten, hatte sich zu einer kontrollsüchtigen und rechthaberischen Erwachsenen entwickelt. Sie kam ganz offensichtlich nur vorbei, um zu schulmeistern und abzufragen (Oma Küppers war nicht dement, verdammt noch eins!). Außerdem versuchte sie ständig, die Oma zu überreden, in ein Altersheim zu ziehen oder zumindest eine Putzkraft einzustellen. Was die gute Seele stets kategorisch ablehnte: »Mir kommt keine Fremde ins Haus! Und wenn ich hier weggehe, dann mit den Füßen voran«, krähte sie dann wohl.

»Wie alt ist Oma Küppers denn genau?«, fragte Nascimento.

»87 Jahre, 6 Monate, 11 Tage, zwei Stunden und 38 Minuten«, antwortete der Innenminister.

»Und bei bester Gesundheit«, fügte die Gesundheitsministerin, Frau Tietjens, hinzu. »Für ihr Alter.«

»Bei *Wer wird Millionär?* weiß sie immer alles. Eine echte Legende«, sagte Herr Schmitz stolz.

»87 ist ja schon recht alt ... selbst für einen Menschen«, meinte Nascimento, während er die medizinischen Dossiers studierte.

»Ein erfahrenes Ärzteteam kümmert sich rund um die Uhr kompetent und hingebungsvoll um ihr Wohlbefinden«, sagte Herr Schmitz.

»Jede Nacht messen unsere Mediziner ihre Temperatur, den Blutdruck und suchen sie nach Parasiten ab«, erklärte Frau Tietjens.

»Machen Sie sich mal keine Sorgen um die Omma, die wird uns noch lange erhalten bleiben, ein zähes altes Luder«, lachte Herr Möller.

»So Gott will«, sagte Nascimento, und alle bekreuzigten sich.

Major Heuser, der älteste Fährtenleser von Fort Underberg, zeigte den Ofenfischchen die Risse und Löcher im welligen Linoleumbelag des Küchenbodens, durch die man einigermaßen unbehelligt durch die gesamte Provinz reisen konnte, und teilte Landkarten und Lagepläne aus. Die Ofenfischchen hatten den Standort für ihre neue Hauptstadt bereits festgelegt: hinter dem Herd, wo ein angenehm feuchtwarmes Mikroklima herrschte. Sogar einen Namen hatten sie schon, Ofenbach. Eine zweite Stadt war unter dem Kühlschrank geplant, Tupperville, und eine dritte, Zuckerberg, in der Mauerspalte hinter dem Küchenschrank.

Da die Silberfischchen den Aufenthalt in der Küche nicht mehr als unbedingt nötig in die Länge ziehen wollten, bislang war ja alles gut gegangen, war es diesmal Herr Schmitz, der zum Aufbruch drängte.

General Zé Roberto hatte aber noch eine Frage: »Wie ist es denn um die Zukunft von Fort Underberg bestellt?«

»Der Stützpunkt wird natürlich demilitarisiert«, antwortete Herr Bademeister. »Ab morgen um Mitternacht obliegt es Ihrem Heer, für Ordnung und Sicherheit in der Provinz zu sorgen.«

Allerdings hatten die Silberfischchen sich da was überlegt, um die schöne alte Festung nicht verkommen zu lassen. Herr

Schmitz schlug vor, nach der Entmilitarisierung ein Handelskontor in Fort Underberg einzurichten. Dort konnten die Ofenfischchen dann ja die Monatsmiete abliefern, die Silberfischchen würden sich gebührenfrei um den Abtransport kümmern. Die Idee wurde auf der Stelle vom Präsidenten abgenickt.

Auch der Vorschlag, Botschaften in den jeweiligen Hauptstädten einzurichten, kam gut an.

Der Austausch von Botschaftern war eine von Herrn Schmitz' Ideen gewesen.

Das Verteidigungsministerium wollte Spione einschleusen, aber Herr Schmitz hatte gemeint, Botschafter seien praktischer, die könnten ganz offiziell spionieren.

»Aber dann müssen wir deren Botschafter auch reinlassen, und die spionieren bei uns«, hatte Herr Bademeister eingewandt.

»Dann lassen wir sie eben vom Geheimdienst überwachen. Dann hat der auch mal was zu tun«, hatte Herr Schmitz entgegnet.

Zum ersten Botschafter wurde Herr Schmitz ernannt, ein Neffe von Herrn Schmitz und Vorstandsvorsitzender der Import-Export-Gesellschaft. Auf diese Weise konnte man wirtschaftliche und politische Interessen mit einer Klappe schlagen.

Im Rathaus von Kloburg wurde der Vertrag unterzeichnet, allerdings ließ Präsident Nascimento es sich nicht nehmen, das Schriftstück vor der Unterschrift noch einmal von vorne bis hinten durchzulesen, sogar das Kleingedruckte und die unwichtigen Details. Ganz schön pedantisch, fanden die Silberfischpolitiker und drehten demonstrativ Däumchen.

Nascimento blickte auf. Er hatte etwas entdeckt: »Die Fußnote auf Seite 116 scheint mir neu hinzugefügt? Gemeinschaftliche Nutzung der Küchenschränke und Vorratsregale. Davon war bislang aber keine Rede.«

Auch Herr Schmitz war ehrlich überrascht. Er schaute in den Vertrag: »Davon höre auch ich zum ersten Mal.«

Er sah sich nach seinem Wirtschaftsminister um: »Herr Möller, waren Sie das?«

Möller machte sich so klein es ging hinter seinen Beamten, was aber schwierig war, wo sein Zylinder doch fast so hoch war wie er selbst.

»Nur an ungeraden Tagen«, sagte er verlegen. »Weil Sie den Mietern die Bibliotheken umsonst zur Verfügung stellen, da haben meine Wirtschaftsexperten und ich uns gedacht, eine kleine Kompensation täte niemandem weh ... muss ja jeder sehen, wo er bleibt ... und die Mieter, so zahlreich sie auch sein mögen, können die ganzen Ressourcen eh nicht komplett vertilgen.«

»Streichen Sie diesen Passus, er war nicht abgesprochen«, sagte Herr Schmitz streng, und ein Sekretär eilte herbei, um den Befehl auszuführen.

Eine weitere Klausel, von der die Silberfischchen befürchteten, sie werde für Diskussionen sorgen, war diese: Die Ofenfischchen mussten sich verpflichten, binnen drei Monaten wieder ins Erdgeschoss zurückzuziehen, falls das Geschäft für Büromaterial irgendwann schloss und stattdessen ein Laden mit einer der folgenden Charakteristiken eröffnen würde:

a) eine Bäckerei/Konditorei

b) ein gastronomischer Betrieb (hierunter fällt jedes Etablissement, das über eine funktionierende Küche und eine Menükarte verfügt)

c) ein Lebensmittelladen, der stärke- und zuckerhaltige Produkte im Angebot hat

d) ein Friseur

Aber damit hatte Präsident Nascimento kein Problem: »Wir wollen Ihnen nicht mehr zur Last fallen als unbedingt nötig. Unsere Heimat ist und bleibt das Erdgeschoss, und wenn sich die Lebensqualität dort irgendwann wieder bessern sollte, dann sind wir weg, nur keine Sorge.«

Damit setzte er seine Unterschrift unter den Vertrag, und eine neue historische Epoche brach an.


*Viertes Kapitel*

Nachdem die Delegation der Ofenfischchen sich verabschiedet hatte, klatschten die Silberfischchen sich reihum ab. Ihr Volk hatte ein neues zivilisatorisches Level erreicht: Sie waren jetzt Vermieter.

»Ich glaube nicht, dass wir mit diesen netten Mietern Schwierigkeiten bekommen«, meinte Herr Schmitz, als alle sich bereit machten zur Rückreise, damit sie vor Einbruch der Helligkeit in Dormitorium eintrafen.

»Es scheint sich um anständige, hart arbeitende Leute zu handeln«, bekräftigte Herr Schulz und setzte seinen Zylinder auf.

»Genau wie wir selbst«, sagte Herr Schmitz und zog seine Spinnwebkrawatte zurecht.


In der nächsten Nacht strömte eine wahre Völkerwanderung aus dem Abfluss der Badewanne und durch das Badezimmer. Mehr als siebenhundert Ofenfischchen. Vorbei am Spalier stehenden Spinnenschutz zogen sie über den Flur und hinein in die Küche. Von Entbehrungen gezeichnet waren sie, hager ihre Körper, abgespannt die Gesichter, müde und erloschen die Augen. Mütter trugen schlafende Kinder in ihren Armen, Männer schleppten Greise auf dem Rücken. Wer zu geschwächt war, um alleine weiterzukommen, wurde von Soldaten gezogen. Vom Prunk des Staatsbesuchs war nichts mehr übrig. Sogar Präsident Nascimento hatte Körbchen mit verwaisten Eiern unter drei Armen. Alle Spinnenschützer waren froh, als das letzte Ofenfischchen um die Ecke in der Küche verschwunden war. So hautnah hatte noch keiner der jungen Rekruten Not und Elend mitansehen müssen.

Von den Politik-Oberen wohnte niemand der Einwanderung bei. Unter den einfachen Soldaten hieß es, dass die hohen Herrschaften sich den Anblick des Elends ersparen wollten, der eigentliche Grund war aber ein anderer: Sie hatten schlicht keine Zeit, denn Herr Schmitz hatte eine außerordentliche Räteversammlung einberufen. Gestern hatte er keine öffentliche Szene machen wollen, jedoch hatte er nicht vor, Herrn Möller die eigenmächtige Änderung des Mietvertrags einfach so durchgehen zu lassen. Diese Aktion würde ein Nachspiel haben, so wahr er Hans-Dieter Schmitz hieß. Der Wirtschaftsminister war Herrn Schmitz schon lange ein Dorn im Auge. Letztlich hatte er seinen politischen Aufstieg doch nur der Tatsache zu verdanken, dass er ein Cousin von Schmitzens Frau war, einer gebürtigen Möller. Und was war der Dank? Es war übrigens nicht das erste Mal, dass Herr Möller Alleingänge durchgezogen hatte, mal ganz abgesehen davon, wie autoritär er sein Ministerium führte. Manche sprachen hinter vorgehaltener Hand schon vom Wirtschaftsministerium als einem Staat im Staat. Möllers neuerliches Fehlverhalten war ein mehr als willkommener Grund, ein Amtsenthebungsverfahren anzustreben.

Allerdings verlief die kurzfristig anberaumte Räteversammlung ganz und gar nicht so, wie Herr Schmitz sich das vorgestellt hatte. Möller war offenbar gewarnt worden und ging nach Schmitzens Rede »Amtsmissbrauch, Vertrauensverlust und außenpolitische Verwerfungen« zügig zum Gegenangriff über. In seiner Rede »Wer im Glashaus sitzt« rügte er Vetternwirtschaft und Nepotismus und warf Herrn Schmitz vor, selber eigenmächtig gehandelt zu haben, als er nämlich aus einer Laune heraus beschlossen hatte, den Ofenfischchen die Bibliotheksnutzung zu erlauben. Gratis! Und diese Schnapsidee auch über die Köpfe von Wirtschafts- und Verteidigungsminister hinweg durchgesetzt hatte.

»Meine Bibliotheken!«, ertönte ein Schrei. Herr Bertelmann. Er sprang auf, marschierte vor das Rednerpult und warf seine Ratsmitgliedskarte auf den Boden. »Wenn das stimmt, dann trete ich aus. Aus allem. Mich sieht hier niemand wieder. Das ist ... Hochverrat! Ich gehe in den Untergrund. Widerstand jetzt!« Damit verließ er den Saal.

Einige Räte lachten, doch viele blickten besorgt.

Fremde umsonst in die Bibliotheken lassen, die heiligen Bildungstempel. Das stieß nicht bei jedem auf Verständnis.

Herr Möller hatte erreicht, was er wollte. Schmitz war in die Defensive gedrängt.

Nun musste er sich erklären, und humanistische Argumente oder christliche Werte waren eher nicht gefragt, das hier war Realpolitik.

»Der Kollege Möller scheint mich als windelweichen Humanisten zu sehen«, begann Herr Schmitz seine Verteidigung, »aber ich habe mir natürlich etwas dabei gedacht ...«

»Was dabei gedacht hat er sich«, murmelte Möller und stupste Herrn Bademeister an. Die beiden kicherten.

Ratspräsident Niedecken klingelte mit seinem Glöckchen: »Ruhe im Saal, bitte!«

»Ja, was habe ich mir dabei gedacht?«, fuhr Herr Schmitz fort: »Natürlich geht es ganz am Rande auch um unsere christlichen Werte, vor allem aber waren es handfeste ökonomische

Kalkulationen, die mich zu diesem Schritt bewogen haben. Überlegen Sie mal, meine Damen und Herren, was dieses Mehr an Bibliotheksbesuchern für den Tourismus bedeutet, für Gastronomie und Kleinhandel. Jede Woche Hunderte Besucher in Chippendal und Schrankweil, von denen viele außerdem Sightseeing betreiben und shoppen werden. Die ortsansässigen Geschäftsleute und Gastronomen werden es mir danken.

Ich bin keineswegs ein naives Gutfischchen, wie der Kollege unterstellt. Ich sehe es eher als Investition in unsere Zukunft. Warum in einem zweiten Schritt nicht auch die Unis für Ofenfischchen öffnen? Berechnen Sie mal, was da an Studiengebühren reinkäme, was das für einen Aufschwung für Handel und Kneipenkultur vor Ort bedeuten würde. Und ganz nebenbei muss ja auch jeder Bibliotheksbesucher den Flur passieren, da darf man ruhig mal über Mautgebühren nachdenken. Unter diesen Aspekten halte ich es für unsere verdammte Christen- und Kapitalistenpflicht, niemandem den Zugang zu kostenloser Bildung zu verwehren.«

Die Räte stimmten mit großer Mehrheit dafür, den Ofenfischchen die Bibliotheksnutzung zu erlauben, und fast einstimmig gegen das Amtsenthebungsverfahren von Herrn Möller.

Frau Borowka brachte noch einen weiteren Tagesordnungspunkt zur Sprache: den Außenministerposten. Jetzt, wo man erstmals diplomatische Beziehungen zu einer befreundeten Nation unterhielt, bräuchte man unbedingt einen Außenminister. Oder eine Außenministerin ...

Netter Versuch, allerdings hatte Frau Borowka bereits zwei Ministerposten inne (Justiz und Kultur) und Frau Tietjens sogar drei (Gesundheit, Bildung und Pilzkultur). Einen dreizehnten Zuckergast hinzuzufügen, kam natürlich nicht infrage, das würde Unglück bringen. Also musste einer der Herren den Job übernehmen, einer, der nicht ohnehin schon mehrere Ämter kumulierte. Und da kamen nur drei infrage, Herr Schulz, Herr Bademeister und Herr Möller. Herr Schulz lehnte ab, er bekam, wie er sagte, schon Migräne, wenn er auch nur daran dachte, gleichzeitig Innen- und Außenminister zu sein. Herr Bademeister war mit dem Verteidigungsministerium vollends ausgelastet und gab offen zu, keine Ahnung von Außenpolitik zu haben. Ganz im Gegensatz zu Herrn Möller, der doch die Mietvertragsverhandlungen so trefflich geführt hätte und bereits mit den meisten wichtigen Ofenfischchen per Du sei. Von daher sei Möller sein Favorit für den Posten.

Dagegen war nicht viel einzuwenden, und so war es beschlossene Sache: Herr Möller wurde Außenminister.

Herr Schmitz machte ein Gesicht, als habe er in eine saure Milbe gebissen.

Bei den Mietern schien alles prima voranzuschreiten. Der Botschafter vermeldete, dass die Ofenfischchen sich gleich nach der Ankunft auf die drei geplanten Städte verteilt und als erstes mit dem Bau eines Gotteshauses angefangen hatten. Das kam gut an bei den frommen Silberfischchen.

Nur die beiden geistlichen Oberhäupter, Erzbischof Knapsack und Weihbischof Ailton hatten einen holperigen Start, da jeder der beiden seinen Bischofstitel für hochrangiger als den des anderen hielt. Herr Schmitz und Präsident Nascimento rieten ihnen, sich jeweils um ihre eigenen Schäfchen zu kümmern und nicht zu streiten. Doch es war ein tiefgehendes theologisches Problem: Wer von beiden war zuständig, falls Gott sich irgendwann hier manifestieren würde? Schmitz' Einwand, dass Gott das bestimmt selber wisse, ließen die Bischöfe nicht gelten, man wollte schließlich nicht unvorbereitet seinem Schöpfer vor Augen treten. Am Ende folgten sie Nascimentos Vorschlag und einigten sich darauf, einen Brief an den Papst in Rom zu schreiben.

Ansonsten entwickelten sich die nachbarschaftlichen Beziehungen in den nächsten Wochen und Monaten reibungslos. Die Ofenfischchen zahlten ohne Murren Miete und Maut und beklagten sich niemals. Die Enklave Fort Underberg wuchs schnell zu einer florierenden Handelsniederlassung an. Im Januar traf die erste Hautschuppenkarawane aus dem Badezimmer ein, und in den Warenlagern der Import-Export-Gesellschaft stapelten sich die Mietgüter.

Bei Bibliotheksbesuchen zeigten Ofenfischchen sich als höfliche und ruhige Zeitgenossen sowie begeisterte Leser. Kein Wunder, sie hatten schließlich was nachzuholen, der einzige Lesestoff bei Bäcker Odenthal waren Tageszeitung und *Bäckerblume* gewesen. Befürchtungen, sie würden die Bücher anknabbern, erwiesen sich als unbegründet. Es wurden ja auch an jeder Ecke von Chippendal und Schrankweil frittierte, gebackene, gegrillte, gebratene, geschmorte, gehackte, gesalzene und gepfefferte Hautschuppen angeboten, für den kleinen Hunger zwischendurch. Es sah ganz so aus, als hätte Herr Schmitz die richtige Entscheidung getroffen. Bald hatten die Bürger beider Nationen Spitznamen füreinander. Silberfischchen nannten Ofenfischchen Ofis, und Ofenfischchen nannten Silberfischchen Silbis.

Herr Schmitz und Präsident Nascimento wurden auch privat Freunde, bei gegenseitigen Besuchen lernten die Familien sich kennen, und jeder der beiden Staatsmänner erfuhr Interessantes und Wissenswertes über die Kultur des anderen. Das Regierungssystem der Ofenfischchen faszinierte Herrn Schmitz ohne Ende. Bei ihnen war die Präsidentschaft erblich, sodass schon jetzt feststand, dass Nascimento Junior irgendwann das Amt seines Vaters übernehmen würde. Das war eine tolle Sache, weil man die Erziehung komplett auf die zukünftigen Aufgaben fokussieren konnte.

»Das Volk selbst hat es so gewollt«, erklärte Nascimento. Die Ofenfischchen hatten die regelmäßigen Wahlen und den damit verbundenen nervtötenden, kostspieligen Wahlkampf irgendwann so sattgehabt, dass es zu einer Volksabstimmung kam, die sich für die Abschaffung der Demokratie aussprach. Mit überwältigender Mehrheit hatte das Wahlvolk gegen freie Wahlen und für die Erbpräsidentschaft gestimmt. Und man war immer solide und stabil damit gefahren.

»So was bräuchten wir auch bei uns«, meinte Herr Schmitz. Die Silberfischchen hatten ein Zweiparteiensystem und waren eigentlich schon auf einem ganz guten Weg, die Demokratie hinter sich zu lassen. Wahlen fanden nur sehr unregelmäßig statt, und das Volk murrte jedes Mal. Üblicherweise wurde gewählt, wenn der Erste Zuckergast starb oder amtsmüde war.

Die Wohlstandspartei und die Gerechtigkeitspartei regierten gemeinsam in einer Totalen Koalition, da jeder Politiker ohnehin Mitglied beider Parteien war.

Herr Schmitz fragte sich, wie sein Ältester wohl damit umgehen würde, wenn er in seine Fußstapfen treten müsste. Im Moment war der Junior in einer schwierigen Phase. Er hatte unbedingt seinen Wehrdienst bei der Ohrwurmwacht absolvieren wollen, also unter echten Soldaten, und sich ohne Wissen seiner Eltern dort beworben. Tatsächlich hatte er alle Eignungstests mit Bestnoten bestanden. Zum Glück hatte Herr Schmitz rechtzeitig davon mitbekommen und seine Einflüsse spielen lassen, sodass der Junior abgelehnt wurde. Es hatte ihm das Herz gebrochen, die Enttäuschung des Sohnemannes mit anzusehen. Als guter Vater hatte er natürlich dafür gesorgt, dass Schmitz junior bei der Wespenwehr gleich als General hätte anfangen können, aber nicht einmal das hatte ihn getröstet. Okay, der Junge wusste, wie der Laden lief. Er wollte nicht zur Wespenwehr, dort seien nur Loser und Weicheier. Stattdessen hatte er den Wehrdienst verweigert, was in der Familie Schmitz noch nie vorgekommen war. Nun studierte er in Chippendal, was genau für ein Fach, wusste Herr Schmitz nicht, es war ihm auch irgendwie egal. Seine Frau hatte ihm erzählt, der Junior hätte jetzt auch eine kleine Freundin, irgendeine junge Bibliothekarin aus dem Arbeitermilieu. Das war nun nicht gerade die Partie, die Schmitz sich für seinen Sohn vorgestellt hatte. Hoffentlich machte er ihr keine Eier, bevor er zur Vernunft kam und die Beziehung beendete.

Herr Bertelmann hatte unterdessen Ernst gemacht und war sowohl aus der Räteversammlung als auch aus der Bibliotheksgilde ausgetreten. Eine junge Bibliothekarin hatte seine Nachfolge in beiden Ämtern angetreten: Frau Blaumann, eine ehrgeizige Arbeitertochter. Das passte zwar nicht jedermann (eine so junge Person ... kaum Lebenserfahrung ... aus kleinen Verhältnissen ...), aber die meisten Räte waren, ehrlich gesagt, froh, den alten Bertelmann und seine Macken los zu sein.

Dieser widmete sich nur noch seinem Bogenschützenverein. Und insbesondere der Nachwuchs des Clubs machte eine bedenkliche Radikalisierung durch. Es hieß, dass der Verein immer mehr einer extremistischen Gruppierung glich. Herrn Bertelmanns Politik, vorbestrafte Jugendliche und Schulabbrecher im Club aufzunehmen, war bislang immer gelobt worden, nun aber zeigte sich die Kehrseite. Die leicht beeinflussbaren und oft gewaltbereiten Jungfischchen wurden von ihm indoktriniert und fielen durch Vandalismus und ofenfischchenfeindliche Parolen auf. Sie nannten sich »Bertel Boys« und liefen ständig bewaffnet durch die Gegend. Die gemäßigten Mitglieder verließen den Club nach und nach, und so war Herr Bertelmann, wie angekündigt, im Untergrund angekommen.

Im Frühling stimmte die Räteversammlung dafür, Ofenfischchen an den Universitäten zuzulassen, erst mal nur als Lehramtsstudenten, damit ihr Land ein richtiges Schulsystem bekam.

Mit dem Frühling kamen auch die Ohrwürmer, wie erwartet. In privaten Gesprächen deutete Nascimento Herrn Schmitz gegenüber an, dass Musketen vielleicht helfen würden, die Plagegeister auf Distanz zu halten, ob er da nicht was einfädeln könnte. Was konnte es schaden?, dachte Herr Schmitz und brachte das Thema in der Räteversammlung zur Sprache. Zunächst waren alle dagegen, vor allem die Herren Möller und Bademeister. Aber Herr Schmitz wäre kein guter Staatsmann gewesen, wenn er nicht einen Kompromiss im Hinterkopf gehabt hätte. »Wohlverstanden: Wir reden hier nur von Musketen«, erklärte er der Versammlung, »nicht von Schießpulver.«

Diese Idee fanden alle sehr hübsch, sogar Herr Möller hatte nichts einzuwenden. Und so bekamen die Ofenfischchen sechzig ausrangierte Vorderlader zu einem Freundschaftspreis geliefert, allerdings weder Munition noch Schießpulver. Danach hatten sie ja nicht gefragt.

Wie man Schießpulver herstellte, hatten die Silberfischchen aus Opas Büchern gelernt. Die Zutaten waren alle auf lokalem Weg zu bekommen. Holzkohle konnte man selber herstellen, Die Ursilberfischchen hatten das Feuer ja schon vor Hunderttausenden von Jahren gezähmt (und dieses Wissen an ihre damaligen Mitbewohner, die Höhlenmenschen, weitergegeben).

Schwefel baute man von den Zündhölzchen ab, die Oma Küppers herumliegen hatte. Die wichtigste Zutat, Salpeter, kam in der Wohnung nicht vor, dafür aber im Keller. Asseln kratzten es dort von den Wänden und tauschten es bei den Silberfischchen gegen faules Gemüse ein.

Ob Präsident Nascimento wegen des Musketendeals einge-
schnappt war, man erfuhr es nicht. Offenbar nahm er es sport-
lich. Allerdings meldete die Botschaft einige Monate später,
dass Schüsse und Explosionen an der Grenze zum Balkonterritorium zu hören gewesen waren. Dann hatten die Ofenfischchen es wohl irgendwie selbst geschafft, Schießpulver
herzustellen, vielleicht waren sie ja auch mit den Asseln ins
Geschäft gekommen.

Die nächsten beiden Jahre zogen dahin wie ein ruhiger Fluss,
ganz wie es die Silberfischchen am liebsten hatten. Die Ofenfischchen hatten die Ohrwurmplage erstaunlicherweise in
den Griff bekommen. Die Silberfischchen hatten eine Weile
gebraucht, bis sie herausfanden, wie sie das geschafft hatten:
Sie zerstörten die Gelege. Bezahlte Informanten, Hummeln
wahrscheinlich, zeigten ihnen, wo in den Blumentöpfen und
unter den Bodenplatten auf dem Balkon sich Ohrwurmnester
befanden. Dann brach eine Expedition tollkühner Gebirgsjä-
ger auf und zerstörte die Nester. Die ersten dieser Expeditionen waren allesamt Fehlschläge, denn die Soldaten hatten
eine böse Überraschung erlebt. Die Informanten hatten nämlich versäumt, die Ofenfischchen darüber zu informieren,
dass Ohrwürmer Brutpflege betrieben, die Nester also von der
Mutter bewacht wurden. Man musste diese zuerst umzingeln
und töten.

Die Ohrwürmer konnten mit dieser nachhaltigen Methode
zwar nicht ganz ausgerottet werden, aber die Botschaft meldete, dass immer seltener welche in der Küchenprovinz gesichtet wurden.

Und dann nahte Oma Küppers' neunzigster Geburtstag, auf
den alle sich tierisch freuten.

»Neunzig Jahre, das ist so viel wie zehn Silberfischleben«,

verkündete Herr Schmitz vor der Räteversammlung. »Das muss gebührend gefeiert werden.«

Einstimmig wurde beschlossen, Oma Küppers an ihrem Neunzigsten zum Ehrensilberfischchen zu ernennen, das hatte sie sich verdient. In den Wochen vor dem großen Tag wurde von nichts anderem geredet. Die Ofenfischchen waren natürlich auch zur Feier eingeladen, es sollte die Sause des Jahrhunderts werden.

*Fünftes Kapitel*

»Mit ihr geht eine Ära zu Ende«, rief Herr Schmitz, dann wurde er wieder von einem Weinkrampf geschüttelt. Er balancierte auf der Nasenspitze von Oma Küppers und hielt die Ehrensilberfischurkunde an sich gedrückt.

Die Oma war verstorben. Einfach so, zwei Nächte vor ihrem Neunzigsten.

Die Beobachter des Gesundheitsministeriums auf den Bettpfosten hatten kurz nach ein Uhr Anzeichen von Atemnot bemerkt und Alarm geschlagen. Das herbeigeeilte Ärzteteam konnte aber nur noch den Tod feststellen. Herzstillstand. Die Mediziner hüpften eine Stunde lang auf Omas Brustkorb auf und ab, um sie wiederzubeleben, doch es half alles nichts. Die ebenso neugierigen wie nutzlosen Katzen strichen derweil um das Bett herum, leisteten den wiederholten Aufforderungen der Silberfischchen, sich an den Wiederbelebungsversuchen zu beteiligen, jedoch keine Folge.

Statt des geplanten Geburtstags musste nun also eine Trauerfeier improvisiert werden. Alle, die im Silberfischland Rang und Namen hatten, waren auf der Bettdecke versammelt, um Abschied von Oma Küppers zu nehmen. Präsident Nascimento und eine Abordnung Ofenfischchen waren ebenfalls anwesend, der Botschafter in Ofenbach hatte ihn unverzüglich über den Trauerfall in Kenntnis gesetzt.

Es ging natürlich auch um handfeste politische und ökonomische Belange, gleich nach der Trauerfeier war ein Krisentreffen der beiden Regierungen angesetzt. Ein Katastrophenplan musste gemeinsam ausgearbeitet werden. Denn um nichts anderes als eine Katastrophe handelte es sich. Bis ein neuer Mitbewohner eintraf, war die Wohnung samt Insassen der Küppers-Tochter ausgeliefert.

»Wenn ein Mensch stirbt, bedeutet das immer einen einschneidenden Umbruch für die Gesellschaft, für Wirtschaft, Politik und Kultur«, kam Herr Schmitz zum Ende seiner Rede. »In diesem Fall aber«, schluchzte er, »geht der Schnitt besonders tief. Mitten ins Herz der Nation. Mach's gut, Oma Küppers, wir werden dich nie vergessen.«

Damit kletterte er von der Nasenspitze hinunter und warf die Ehrenurkunde in Omas halb offenen Mund. Das hatte man so beschlossen, damit sie die Urkunde mit ins Grab nehmen konnte. Nun hielt Präsident Nascimento noch eine kurze Rede: »Ich habe Oma Küppers nicht so lange gekannt wie die meisten von Ihnen, meine Damen und Herren. Aber in der kurzen Zeit, die es mir vergönnt war, Tür an Tür mit ihr zu wohnen, ist sie mir ans Herz gewachsen wie ein Mitglied meiner eigenen Familie. Wir Ofenfischchen werden sie vermissen, ihre bunten Blumen, ihre ebenso lehrreichen wie unterhaltsamen Selbstgespräche, ihre nächtlichen Ausflüge in die Küche.«

»Sogar ihr Geschnarche«, murmelte irgendjemand, und alle kicherten traurig.

»Sie wird nicht zu ersetzen sein«, schniefte Präsident Nascimento und warf ein paar Brocken Blumenerde in Omas linkes Nasenloch.

Danach erklomm Erzbischof Knapsack Omas Kopf, um die letzten Sakramente zu erteilen, und zeichnete ein großes Aschekreuz auf ihre Stirn.

Ein trauriger Choral wurde angestimmt, womit die Trauerfeier offiziell beendet war, und die Arbeitskolonnen der Schuppensammlerzunft und der Haarefäller begannen ihre Arbeit. Bevor die Tochter Wind von Omas Ableben bekam, galt es, so viel Essbares wie möglich abzubauen für die kommende karge Übergangszeit.

Und die ganze Nacht hindurch defilierte eine Prozession von Silberfischchen über die Bettdecke und legte Staubkränze nieder.

Währenddessen unterbreitete Präsident Nascimento den Silberfischchen ein Angebot, das sie unmöglich ablehnen konnten.

»Das können wir doch nicht annehmen«, zierte sich Herr Schmitz.

»Sehr wohl können wir das«, riefen die Herren Schulz und Möller einstimmig.

Präsident Nascimento hatte den Silberfischchen angeboten, gemeinsam die Vorräte in der Küche zu plündern, bevor die Tochter alles wegwarf. Die Ofenfischchen hatten die große Hungersnot in der Bäckerei miterlebt, und der Präsident wusste, dass die Zeit drängte. Der Vorschlag war natürlich auch ein Friedensangebot, es sollte Auseinandersetzungen um die verbliebenen Ressourcen verhindern, das war allen klar.

Im Mietvertrag gab es keinen Paragrafen, der den Tod von Oma Küppers vorsah. Schmitz und Möller gaben sich gegenseitig die Schuld an diesem Versäumnis, aber es war nicht mehr zu ändern. Nun konnten sie weder auf legalem Weg die Miete erhöhen noch die Ofenfischchen wegen des Todesfalls entmieten, stattdessen musste man sich arrangieren. Oder einen, möglicherweise bewaffneten, Konflikt in Kauf nehmen. Von daher war Nascimentos großherziges Angebot eine Erleichterung für alle. Außer für Verteidigungsminister Bademeister und einige hochrangige Militärs ...

Das Psychogramm, das die Profiler des Silberfischgeheimdienstes von der Küppers-Tochter erstellt hatten, besagte, dass sie ein manischer Typ war mit paranoiden Zügen. Also ziemlich bescheuert, aber das war ja ohnehin bekannt. Jetzt, wo sie freie Hand in der Wohnung hatte, musste man sich auf großes Chaos gefasst machen.

Bereits am nächsten Tag ging es los. Das Telefon klingelte und klingelte, wenig später verschaffte sich die Tochter mit ihrem Zweitschlüssel Zutritt und fand die Oma. Ein Menschenarzt wurde sinnloserweise herbeizitiert und kam zur gleichen Diagnose wie die Silberfischmediziner: tot.

Die nächsten Nächte malochten Silber- und Ofenfischchen in der Küche, um möglichst viele Vorräte in die diversen Höhlen und Spalten unter dem Fußboden zu bringen, dorthin, wo die Völker sich verstecken würden, bis die Reinigungs- und, wenn es ganz schlecht lief, Umbauarbeiten beendet waren. Unterhalb von Fort Underberg gab es einen tiefen Riss im Gemäuer, so breit, dass ganze Völkerscharen hindurch in die Unterwelt marschieren konnten. Nun herrschte dort ein Verkehr wie sonst nur im Tunnel Bad-Schlafzimmer.

Auch in den Bibliotheken wurde rund um die Uhr geschuftet, unter dem Kommando von Frau Blaumann trugen die Bibliothekare und ihre Gehilfen so viel Papier wie möglich in die Schutzräume, Studenten und Schulklassen halfen mit.

Tagsüber fanden die Fischchen kaum Schlaf, wegen des Krachs. Möbelpacker drangen ins Schlafzimmer ein, zerlegten das Bett und die restlichen Möbel und schleppten alles weg. Die alten Teppiche, Heimat riesiger Milbenherden, wurden zusammengerollt und fortgetragen, löcherige Gardinen wurden heruntergerissen. Wie eine Furie wütete die Tochter im Wohnzimmer. Die in Würde vergilbten Bücher zerfielen unter ihren unsensiblen Händen zu losen Blättern, zu Staub. Nachdem die Bände jahrelang unberührt und ungelesen herumgestanden hatten, nur von den Silberfischchen gehegt und gepflegt, waren die alten Werke der menschlichen Brutalität nicht mehr gewachsen. Bibliothekare und Studenten, die es nicht rechtzeitig schafften zu flüchten, purzelten aus Büchern und krabbelten über den Fußboden. Wie verrückt trat die Irre nach ihnen.

Rücksichtslos stopfte sie Bücher, Zeitungen, sogar die zerfledderten Panini-Alben in Kartons, und der Schwiegersohn brachte die Schätze weg. Herr Bertelmann, der bei seinen Indianerbüchern bleiben wollte, versteckte sich im Einband von »Der letzte Mohikaner« und wurde mit der letzten Bücherkiste ins Unbekannte verschleppt.

Und die prächtigen Nippesfiguren wurden bei Ebay verschleudert, das hätte der Oma bestimmt nicht gefallen.

Der Inhalt der Küchenschränke und Vorratsregale wanderte samt und sonders in den Müll, welche Verschwendung! Als Nächstes waren Mauern und Fußböden an der Reihe. Die Städte der Fischchen waren alle dem Untergang geweiht. Es galt, schnellstens zu verschwinden. In Eilmärschen wanderten die beiden Völker in die Höhlenwelt unter dem Fußboden. Das unterirdische Terrain war zuvor vom Militär gesichert worden, um Überfälle durch Spinnen und Ohrwürmer zu vermeiden. Die ortsansässigen Asseln bekamen unmissverständlich klargemacht, dass sie in den Keller emigrieren sollten, wo sie hingehörten.

In gedrückter Stimmung hörten die Fischchen aus der Tiefe mit, wie Tapeten abgerissen wurden und über Jahrhunderte gewachsene Kulturlandschaften der Räumwut zum Opfer fielen. Eine Schimmelpilzplantage nach der anderen wurde unter großem Hallo entdeckt und vernichtet.

Tagelang waberten die berauschenden Dämpfe von frischer Farbe und Holzpolitur durch alle Ritzen. In der Küche krachte und donnerte es. Und ständig erklang die schneidende Stimme der Tochter, die herumtelefonierte und -kommandierte.

Nach einigen Wochen waren die Arbeiten endlich vorbei, nun standen Besichtigungen an. Ein wenig geschlampt hatten die Handwerker schon, der Riss, durch den die Fischchen in die Unterwelt gelangt waren, war bloß mit einem gummiartigen Material zugespachtelt und dann übermalt worden. Nach einigen gezielten Sprengungen (die Militärs jammerten wegen der Schießpulververschwendung) war der Durchgang wieder begehbar. Jede Nacht streiften Spähtrupps durch die Wohnung, um das Ausmaß der Schäden zu begutachten.

Sie vermeldeten, dass der antike Gasherd verschwunden war, stattdessen beleidigte eine blitzende seelenlose Einbauküche das ästhetische Empfinden.

Die Lebensmittelsituation wurde langsam ernst, man hatte sogar begonnen, Weberknechte zu essen, und kein Silberfischchen wäre mehr auf die Idee gekommen, Hautschuppen zu verschmähen.

Es war zu hoffen, dass sich schnellstens ein Mieter fand, damit die beiden Völker wieder an die Oberfläche konnten, um ihr Leben und ihr Zuhause neu aufzubauen. Das einzig Gute war, dass die gemeinsame Zeit der Entbehrung Ofen- und Silberfischchen noch enger zusammengeschweißt hatte, Schmitz und Nascimento waren sich einig, die Zukunft gemeinsam anzupacken, damit schnell wieder Normalität einkehrte.

Allerdings verstanden die Fischchen genug vom Menschen,

um zu wissen, dass es klüger war, sich nicht in großer Zahl nach oben zu wagen, bis der neue Mitbewohner den Mietvertrag unterzeichnet hatte. Nicht jeder brachte Silberfischchen so viel Toleranz entgegen wie Oma Küppers.

Die Besichtigungen dauerten lange, es gab offenbar viele Interessenten, und die Tochter hielt die Leute hin. An einem Juniabend, zwei Monate nach Omas Tod, meldeten die Oberflächenspione, dass endlich eine Entscheidung gefallen war:

Ein Professor! Von der Uni! Dozent für Anglistik oder Amerikanistik, das hatten die Spione nicht so genau mitbekommen. Irgendwas mit Englisch halt.

Die Fischchen jubelten. Ein Professor, zumal für Humanwissenschaften, das bedeutete Bücher und Bildung, das hieß Zivilisation.

Alle freuten sich auf einen haarigen, ungepflegten Zausel mit Tausenden von dicken Wälzern, bunten Teppichen und psychedelischen Tüchern an den Wänden.

Vielleicht brachte er sogar eine Shakespeare-Büste mit in den Haushalt, unter deren Sockel man eine neue Universitätsstadt gründen konnte.

Ein kinderloser Junggeselle zudem, bestimmt hatte er Katzen!

Sein Name war Tom Kasperski.

Bereits am nächsten Montag zog der Neue ein, den ganzen Tag waren Möbelpacker zugange. In der Nacht vom Dienstag zum Mittwoch wagten sich die beiden Völker an die Oberfläche, mit Schmitz und Nascimento an der Spitze. Sie betraten eine neue Welt.

Alles war weiß gestrichen, blendend weiß, Decken wie Wände. Die Möblierung war spärlich, schwarze und weiße Stühle und Tische, viel Stahl und Glas. Keine Teppiche, keine Tücher.

Nicht einmal Gardinen. Es kam den Silberfischchen vor, als hätten sie hundert Jahre verschlafen und seien in der Zukunft aufgewacht.

Im Schlafzimmer kletterten sie die kalten eisernen Bettpfosten hoch und begutachteten den Neuen: gar nicht mal so alt, Mitte dreißig vielleicht. Haare hatte er keine, dafür einen Vollbart. Katzen waren nicht zu sehen. Wahrscheinlich hatte die Küppers-Tochter keine Haustiere in der Wohnung erlaubt, typisch.

Shakespeare-Büste und anderer Nippes: Fehlanzeige. Nur Modelle von Comicfiguren aus buntem Plastik überall. Dicke und dünne Bücher standen ordentlich aufgereiht in Regalen aus weißem Holz, die bis zur Decke reichten. Eine Bibel fand sich nicht darunter, stellten die Silberfischchen missbilligend fest. Die Bibliothekare machten die Runde der Buchrücken. Viele Bücher waren auf Englisch, was nur eine Minderheit der Silberfischchen verstand.

»Das muss man einfach als Chance sehen, eine neue Sprache zu lernen«, sagte Frau Blaumann. Von den meisten Autoren hatte noch kein Bibliothekar etwas gehört: Margaret Atwood, Hunter Thompson, Thomas Pynchon, Toni Morrison, Joyce Carol Oates, China Miéville, Matt Ruff, Neil Gaiman, dazu irgendwie japanisch aussehende Comics in Schwarz-Weiß. Eine ganze Schrankwand mit Lesestoff, der erschreckend theoretisch anmutete: Adorno, Derrida, Foucault ... Da war ja allerhand schwer verdauliche Kost darunter, jammerten die älteren Bibliothekare. Laut den Klappentexten waren viele der Autoren sogar noch am Leben, das wirkte ziemlich unseriös. Die Jüngeren hingegen freuten sich darauf, mal was Neues zum Lesen zu haben und ihren Horizont erweitern zu können.

Die Küche hielt eine böse Enttäuschung bereit: Praktisch alle Regale waren leer. Nur ein wenig Grünzeug, Gewürze, die keiner kannte, Blumentöpfchen mit Kresse und Basilikum. Und ein ganzes Regal voller vegetarischer Kochbücher.

Das ganze Ausmaß des Unheils kam in den nächsten Tagen auf den Tisch: Tom Kasperski war nicht nur Vegetarier, damit hätte man sich arrangieren können, er hatte außerdem eine Glutenintoleranz, eine Kohlenhydratphobie und fürchtete sich vor Zucker, als sei dieser pures Gift.

Weitere medizinische Details kristallisierten sich heraus: Er litt unter Stauballergie, Pollenallergie und Katzenhaarallergie. Und unter Waschzwang. Der Typ war ein einziges Wrack. Man konnte nur hoffen, dass er bald starb, damit ein normaler, gesunder Mensch wie Oma Küppers seinen Platz einnehmen konnte.

Mit der Hautschuppenherrlichkeit war es vorbei. Fast täglich riss der Staubsauger die Fischchen aus dem Schlaf, so hatte die Milbenpopulation natürlich keine Chance, sich zu erholen.

Der schlimmstmögliche Fall war eingetreten, und viele mutmaßten, dass die Küppers-Tochter das extra gemacht hatte, um den Silberfischchen eins auszuwischen.

Wovon sollten sie denn jetzt leben?

Und für die Ofenfischchen hieß es: Wie nur sollten sie die Monatsmiete aufbringen?

Die Einzigen, die mit der Situation halbwegs klarkamen, waren Bibliothekare und andere Intellektuelle. Hinter den Bücherregalen im Wohnzimmer wurden zwei neue Städte gegründet, Neu-Schrankweil und New Chippendal. Schmitzhausen, die neue Hauptstadt der Silberfischchen, entstand in einer Mauerspalte in der Schlafzimmerecke, auch hier hatten die Handwerker ein wenig geschludert. Unter dem Bett, wo sich einst

Dormitorium befunden hatte, erstreckte sich eine unbewohnbare Laminatwüste.

Aber wie sollte es jetzt weitergehen? Von Papier und Basilikum allein wollte und konnte keiner leben. Außer Bibliothekare und Existenzialisten vielleicht.

Die Ofenfischchen waren nicht in der Lage, die Julimiete zu zahlen, und baten um Aufschub. Nächsten Monat würde es der Wirtschaft sicher schon besser gehen, und man würde die Schulden begleichen.

Das ging so nicht, da waren sich Wirtschafts- und Außenministerium einig. Wenn die Mieter die Miete nicht mehr zahlen konnten, dann mussten sie eben gehen. Man war schließlich nicht im Schlaraffenland. Herrn Möllers Wirtschaftsexperten hatten ausgerechnet, dass die aktuellen Ressourcen in der kompletten Wohnung, inklusive Küche, nicht einmal genug Nahrung für die Silberfischchen hergaben, geschweige denn für ein weiteres Volk. Angesichts dieser prekären Versorgungslage plädierte Möller dafür, den Mietern zu kündigen, dann hatten zumindest die Silberfischchen eine Chance zu überleben.

Die Abstimmung der Zuckergäste über die Kündigung des Mietvertrags endete unentschieden, 6:6. Vor allem Herr Schmitz war dagegen, die Mieter so unvermittelt auf die Straße zu setzen. Man solle den Ofenfischchen zumindest etwas Zeit geben und versuchen, gemeinsam eine Lösung zu finden, bevor man sich zu einem solch folgenschweren Schritt entschloss. Der langfristig zum Krieg führen könnte.

»Na und?«, riefen die Herren Möller und Bademeister.

Es gelang Schmitz immerhin, eine Frist von 48 Stunden herauszuschlagen, um ein persönliches Gespräch mit Präsident Nascimento zu führen, bevor man mit einer Kündigung ins

Haus fiel. Vielleicht fand sich ja ein Kompromiss, der einen Konflikt verhinderte.

Sofort nach der Versammlung machte Herr Schmitz sich auf den Weg in die Küchenprovinz.

Er kam nie dort an.

Im Flur fiel er einem Anschlag zum Opfer. Sein von zahllosen Pfeilen durchbohrter Körper wurde vom Spinnenschutz neben den Leichen seiner beiden Leibwächter gefunden, dazu eine Art Bekennerschreiben:

*Tot den Folxverähtern*
*Widderstant jetst!*

Sowohl Tatwaffe wie auch Orthografie deuteten auf die Bertel Boys hin. Der Polizeiminister, Herr Bademeister junior, leitete sofort Untersuchungen ein, die allerdings im Sand verliefen. Die Bertel Boys seien bloß eine kleine Schar braver junger Patrioten, die das Andenken von Herrn Bertelmann selig in Ehren hielten, vermeldeten die Ermittler. Bei der Durchsuchung des Clubhauses wurden keinerlei Waffen und auch sonst nichts Verdächtiges gefunden, deshalb wurden die Ermittlungen nach anderthalb Stunden eingestellt. Der Polizeiminister vermutete die Täter eher unter den Ofenfischchen. Außenminister Möller wie auch Verteidigungsminister Bademeister waren derselben Ansicht. Frau Borowkas Einwand, dass außer den Bertel Boys niemand wisse, wie man mit Pfeil und Bogen umging, ganz sicher nicht die Ofenfischchen, wurde weggelacht. Was verstand eine Frau schon von Waffen?

»Wenn diese Hurensöhne Krieg wollen, sollen sie Krieg bekommen«, schlug Bademeister junior mit der Faust auf den Tisch.

»Letztlich ist Krieg ja nichts weiter als eine Fortführung der Wirtschaftspolitik mit anderen Mitteln«, erklärte Herr Möller.

»Erst die Milbe, dann die Moral«, meinte Bademeister senior.

»Si vis pacem para bellum«, murmelte Innenminister Schulz. Dann nickte er wieder ein.

Herr Schmitz bekam ein großes Staatsbegräbnis, wie es einem Helden des Silberfischlandes gebührte. Allerdings erschien kein einziges Ofenfischchen zur Beerdigung. Nicht einmal sein sogenannter Freund, Präsident Nascimento. Das war nicht nur ein gewaltiger Affront, für viele Silberfischchen kam das auch einem Schuldbekenntnis gleich. Die These, dass Ofenfischchen hinter dem Attentat steckten, wurde so langsam mehrheitsfähig.

Dass Präsident Nascimento sehr wohl zur Beerdigung unterwegs war, wusste niemand. Außer Herrn Möller, Herrn Bademeister und Herrn Bademeister junior, die dafür gesorgt hatten, dass er und seine Begleiter im Flur vom Spinnenschutz aufgehalten wurden, der mittlerweile von Herrn Köster befehligt wurde, einem Cousin von Herrn Möller. Die Ofenfischchen wurden nach Waffen und Drogen durchsucht, einer ausführlichen Befragung unterzogen und danach so lange in Gewahrsam gehalten, bis das Begräbnis zu Ende war. Dann schickte man sie zurück in die Küche.

Ein Kondolenzschreiben an die Regierung der Silberfischchen wurde abgefangen und vernichtet.

Für Neuwahlen war die Zeit zu knapp, das Volk hatte auch keine Lust dazu, und so wurde Herr Möller von der Räteversammlung zum Ersten Zuckergast ernannt. Als neuer zwölfter Zuckergast stieß Herr Möller junior hinzu, der den Posten des Wirtschaftsministers von seinem Papa übernahm. Damit stand es 7:5 für die Mietkündigung. Diese wurde mit großer Mehrheit von der Räteversammlung gutgeheißen. Nur Frau

Blaumann von der Bibliotheksgilde hielt eine flammende pazifistische Rede, die am Ende von den Räten niedergeklatscht wurde. Mittlerweile wünschten viele sich Herrn Bertelmann zurück, der war immer eine Stimme der Vernunft gewesen.

Nun ging alles sehr schnell. Die Stimmung in der Bevölkerung kippte buchstäblich von einem Tag auf den anderen. Es hieß nicht mehr Ofis und Silbis, sondern Mieter und Vermieter, »Wir« und »Die«.

Herr Böllmüller, der Staatsdichter, brachte zwei neue Stücke auf die Bühne: eine Komödie, »Immer Ärger mit den Mietern«, und eine Tragödie, »Die Parasiten«. Beide spielten vor ausverkauften Häusern. Auch die Presse schoss sich auf Ofenfischchen ein: »Die Mieter sind unser Untergang«, titelte der Fühler, die größte (und einzige) Zeitung der Silberfischchen. Die Bertel Boys hatten auf einmal großen Zulauf und bald zählte der Verein 88 Mitglieder.

Am 3. Juli wurden sämtliche Ofenfischstudenten des Landes verwiesen, es habe Papierdiebstähle gegeben, meldete das Polizeiministerium. Die Bibliotheksgilde dementierte dies. Es kam zu Studentendemonstrationen in Neu-Schrankweil und New Chippendal. Diese wurden aber von Gegendemonstranten, es handelte sich um den harten Kern der Bertel Boys, im Keim erstickt, sodass die Polizei sich gar nicht die Hände schmutzig machen musste.

*Letztes Kapitel*

5. Juli:
Herr Möller erschien kurz vor Mitternacht mit einer schwer bewaffneten Eskorte an der Schwelle zur Küchenprovinz und

präsentierte einem Grenzschützer die fristlose Kündigung wegen Eigenbedarf. Die Ofenfischchen hatten 72 Stunden Zeit, um auszuziehen. Dann würde die Küche geräumt.

6. Juli:

Um 23:45 Uhr übertraten Verbände von Spinnenschutz und Ohrwurmwacht die Grenze zur Küche. Eine Kriegserklärung hatte man sich gespart, was Krieg sei, wisse schließlich jedes Kind, meinte Herr Bademeister. Wer ihn auch noch erklärt bekommen müsse, sei eh zu dumm zum Leben. Und Angriff war nun mal die beste Verteidigung.

Zum Oberbefehlshaber des Heeres war Herr Köster ernannt worden. »Volle Kraft voraus!«, war seine Taktik. Was sollte schon schiefgehen, man war zahlenmäßig mindestens 2:1 überlegen, und der Gegner rechnete sicher nicht mit einem Angriff, die Frist lief ja noch. Und so stürmten und stolperten die Silberfischchen in wildem Durcheinander über die Küchenschwelle. Keine Ofenfischchen in Sicht, die Feiglinge hatten sich bestimmt versteckt. Doch nachdem die Angreifer die erste Reihe Fliesen überquert hatten, gingen eine nach der anderen die Minen los, mit denen die Ofenfischchen das Gelände gesichert hatten. Landminen! Damit hatte nun wirklich keiner gerechnet. Schuld war natürlich Schmitz, der den Ofenfischchen den roten Teppich zu den Kriegsbüchern von Opa Küppers ausgelegt hatte.

Der Angriff war gescheitert. Die Silberfischchen zogen sich unverrichteter Dinge in den Flur zurück. Über zwanzig Soldaten waren bei dem Angriff gefallen, Dutzende krochen schwer verletzt zurück hinter die eigenen Linien.

Gegen 1 Uhr in der Nacht wachte Tom Kasperski schweißgebadet auf. Er hatte schon wieder diesen Albtraum gehabt, in dem er als Soldat im Ersten Weltkrieg kämpfte. Und waren das nicht ferne Detonationen gewesen? Träumte er immer noch? Und lag nicht Schießpulvergeruch in der Luft? Nein, er hatte einfach zu viel Fantasie ... Er nahm eine halbe Xanax und versuchte, wieder einzuschlafen.

7. Juli:

In den frühen Abendstunden kam Herr Schmitz junior mit den anderen neuen Rekruten bei seiner Einheit im Flur an. Er hatte sich freiwillig gemeldet. Das war er seinem Vater schuldig. Zwar hatten sie ihre Meinungsverschiedenheiten gehabt, aber so einen Tod hatte der Senior nicht verdient. Nicht mal Zeit, sich mit ihm auszusprechen, hatte er gehabt. Sein Vater war immer für Frieden gewesen. Und nun sah es ganz so aus, als hätte Nascimento ihn auf dem Gewissen. Seine Verlobte, Frau Blaumann, meinte zwar, das sei Propaganda von Kriegstreibern, die Bertel Boys seien die Täter. Man wusste nicht mehr, was man glauben sollte ... aber eins war sicher: Er durfte nicht zu Hause sitzen bleiben, wenn sein Land ihn brauchte. Ob Julia das nun verstand oder nicht.

9. Juli:

Es war ein Stellungskrieg geworden.

Die Silberfischchen hockten in ihren Positionen vor der Küchengrenze, die Ofenfischchen warteten auf der anderen Seite. »Drauflosballern, was das Zeug hält«, war Herrn Kösters neue Taktik. In Sachen Feuerkraft war man dem Gegner schließlich haushoch überlegen. Die Soldaten schossen, luden, schossen, nur gelegentlich erwiderten die Ofenfischchen das Feuer. Gebirgshaubitzenbatterie Köpenick und Feldhaubitzenbatterie Rummenigge bombardierten die gegnerischen Stellungen ohne Pause, bis ihnen die Munition ausging. Gelegentliche Schmerzensschreie auf der anderen Seite wurden von der Silberfischseite mit Jubel beantwortet.

Hinter den Bodenleisten im Flur, wo sich die Quartiere befanden, schrieb Schmitz junior an seine Verlobte:

*Liebe Julia,*

*ich habe die erste Nacht an der Front überstanden. Ich würde dir gern von Heldentaten berichten, aber wir saßen nur in den Ritzen zwischen den Dielen und haben drauflosgeschossen. So lautete der Befehl. Hoffentlich bekommen wir morgen neue Munition.*

*Übrigens haben unsere Truppen weder die Schlacht vom 6. Juli gewonnen noch die halbe Küche erobert, wie es in der Zeitung stand. Unsere Armee ist von einem Minengürtel gestoppt worden. Vielleicht hast du recht, dass alles, was die schreiben, Propaganda ist. So viele Tote und Verletzte, ich erspare dir die Details.*

*Dein dich liebender*

*Fritz*

Tom Kasperski konnte wieder nicht schlafen. Die Schreie der Soldaten, die von Minen zerfetzt wurden, klangen in seinen Ohren nach. Verdun war die Hölle.

Manchmal fragte er sich auch, ob es hier spukte. Nicht dass er ernsthaft an Geister glaubte, aber seit seinem Einzug hatte er das Gefühl, beobachtet zu werden. Vor allem nach Anbruch der Dunkelheit. Aber wenn er sich umsah, dann war da niemand.

Am Morgen hatte er drei tote Silberfischchen auf dem Küchenboden entdeckt. Im Wohnzimmer hatte er vorgestern ein lebendes gefunden und auf dem Balkon ausgesetzt. Wenn das nicht aufhörte, würde er mit der Vermieterin reden müssen.

Er nahm eine halbe Xanax und knipste das Licht aus.

12. Juli:

*Liebe Julia,*

*das Essen in der Armee ist wirklich so schlecht, wie alle immer sagen. Heute gab es zum vierten Mal in Folge Weberknechteintopf. Und jedes Mal sind weniger Weberknechtstückchen drin. Hier passiert zurzeit nichts. Wir hocken in den Schützenritzen herum und spielen Karten. Die Ofenfischchen drüben machen sich lustig über uns und singen Spottlieder.*

*Alle reden von einem Munitionsengpass. Die Offiziere verteilen Äxte und Speere unter den Männern. Und Bajonette, um sie oben auf die Musketen draufzuschrauben. Das klappt aber nicht.*

*Es geht das Gerücht, dass ein großer Sturmangriff auf die gegnerischen Positionen bevorsteht, aber niemand weiß Genaues. Uns sagt ja keiner was.*

*Dein dich liebender*
*Fritz*

Die Briten setzten eine neue Waffe ein: Kampfpanzer. Tom Kasperski war schreiend aufgewacht, gerade bevor der Panzer über ihn rollen konnte. Er durfte wirklich nicht so viele Antikriegsfilme auf Netflix gucken, das belastete ihn nur. Er knipste das Licht an und wühlte in der Nachttischschublade nach den Xanax.

Heute hatte er einen Silberfisch im Bad getötet und Schuldgefühle deswegen. Schließlich war er Buddhist. Am Vormittag hatte er mit der Vermieterin telefoniert. Die meinte aber nur, dass Silberfische ein Zeichen von mangelnder Hygiene seien und er vielleicht öfter putzen solle. Daraufhin hatte er das ganze Bad von oben bis unten geschrubbt und dann gleich noch einmal.

Saß da nicht ein Silberfisch auf dem Bettpfosten? Er rieb sich die Augen. Nein, nichts.

Morgen musste er mit seiner Therapeutin reden.

14. Juli:

*Liebe Julia,*

*die gute Nachricht zuerst: Ich lebe noch. Aber ich habe nur noch fünf Gliedmaßen. Und zwei gebrochene Fühler, die vielleicht amputiert werden müssen. Und einige Facetten meines rechten Auges sind erblindet. Ich bin also ziemlich lädiert, ich verheimliche dir das nicht – du merkst eh immer, wenn ich lüge –, aber ich hoffe, du willst mich trotzdem noch heiraten, wenn dieser verdammte Krieg vorbei ist. Ich liege im Lazarett, mit Dutzenden Kameraden, vor dem Eingang stapeln sich Leichen und amputierte Gliedmaßen.*

*Das Essen hier ist noch schlechter. Und weniger. Pro Tag eine Tasse dünne Schnakenflügelbrühe.*

*Hat die Zeitung wieder einen großen Sieg gemeldet? Glaub ihr nicht. Ganz wie erwartet sind wir gestern zu einem Sturmangriff geschickt worden. Ohne Artillerieunterstützung, die haben wohl auch keine Munition mehr. Der alte Konopka hat uns angeführt, er ist degradiert worden, vom General zum Unteroffizier. Es heißt, er habe die Taktik von General Köster kritisiert. Er lief vor mir her und wurde von einer Mine in Fetzen gerissen. Ich hatte »Glück« und bekam nur die Splitter ab.*

*Wir, die neuen Rekruten, sind vorgeschickt worden, um zu testen, ob das Gelände vermint ist.*

*Nun, es war vermint. Hätte ich nur auf dich gehört und wäre daheim geblieben!*

*Dein dich liebender*
*Fritz*


16. Juli:

Tom Kasperski schloss die Eingangstür auf und knipste das Licht im Flur an. Es war kurz nach zwei Uhr nachts. Gestern war die letzte Vorlesung des Semesters gewesen, und er war mit den Kollegen und einigen Studenten ein wenig um die

Häuser gezogen. Und am Ende hatte er noch bei der Eröffnungsfeier des neuen Kebabladens im Erdgeschoss vorbeigeschaut. Das Bürogeschäft war ja bankrott gegangen. Wer kaufte heute noch Büromaterial im Laden? Alle bestellten im Internet.

Murat war ein guter Typ, und er bot auch vegetarische Gerichte an. Tom hatte sich lange nicht mehr so wohl gefühlt, so locker. Und die Haschkekse waren soo lecker gewesen. Die Therapeutin hatte schon recht. Er musste ab und zu ausspannen, sonst kam der Burn-out. Tom stellte sein Fahrrad im Flur ab und schwankte ins Badezimmer, aber was war das: Dieses Geräusch, dieses Rascheln, Sirren. Der Fußboden bewegte sich, schien zu leben. Ohrwürmer! Dutzende Ohrwürmer, die Hunderte Silberfische verfolgten! Das ganze Bad war voller Insekten. Er trat nach ihnen, schlug um sich, dann flüchtete er in sein Schlafzimmer, nahm eine Xanax und zog sich die Bettdecke über den Kopf.

Am nächsten Morgen tastete Tom sich vorsichtig ins Bad: nichts. Keine Insekten, nicht mal ein Fühler war zu sehen. Er hatte es sich also nur eingebildet. Murats Haschkekse! Er hätte vielleicht nicht gleich vier auf einmal essen sollen.

17. Juli:

*Liebe Julia,*
*immer noch im Lazarett, aber ich bin jetzt auch noch Kriegsgefangener. Es hat eine weitere Niederlage gegeben. Die Ofenfischchen erzählen, sie hätten heute Nacht den Flur und das Badezimmer erobert. Sie sind zum Angriff übergegangen, und stell dir vor, sie haben eine Geheimwaffe: Ohrwürmer! Die Ofenfischchen haben Ohrwürmer domestiziert. Sie haben die Gelege gar nicht alle zerstört, sondern Eier mitgenommen und die Larven aufgezogen in*

dem Glauben, sie seien Ofenfischchen. So dumm können auch nur Ohrwürmer sein! Die Ohrwürmer lebten die ganze Zeit draußen auf dem Balkon, und wenn die Ofenfischchen sie rufen, dann kommen sie. Und gestern haben die Ohrwürmer unter dem Kommando von General Zé Roberto unsere Truppen attackiert und aus Flur und Bad vertrieben.

Und weißt du, wer unsere Armee vor der totalen Vernichtung gerettet hat? Der Neue, Tom Kasperski, er kam nachts nach Hause, bekam einen hysterischen Anfall und hat die Ohrwürmer in die Flucht geschlagen. Etwa ein Dutzend sind tot, aber die Mehrheit hat überlebt.

Ich glaube aber nicht, dass der Neue es getan hat, um unseren Soldaten zu helfen. Es scheint eher, als hasse er Insekten ganz allgemein. Jetzt hoffen alle, dass er keinen Kammerjäger anheuert.

Das Essen hier ist besser als bei uns, heute gab es Weberknechtauflauf mit Basilikum, ich bin fast froh, hier zu sein, verzeih, wenn ich zynisch klinge oder defätistisch.

Aber wenn unseren Generälen nichts einfällt, stehen die Ofenfischchen mit ihren Ohrwürmern bald vor unseren Städten. Oder ein Kammerjäger kommt und löscht uns alle aus. Pass auf dich auf, geh in Deckung, und glaub nichts, was in der Zeitung steht.

Dein dich liebender

Fritz


18. Juli:

Herr Möller hatte nur drei andere über die »Operation Cockroach« informiert: seinen Sohn, sowie die Herren Bademeister senior und junior.

Nach dem Debakel mit den Ohrwürmern war ihm klar, dass dieser Krieg verloren war. Und der Einsatz von Tom Kasperski hatte ihn auf die Idee gebracht.

Die 36 Kakerlakenpanzer aus dem militärhistorischen Museum waren einsatzbereit. Es waren Relikte aus den Kakerlakenkriegen, und jetzt wurden sie gebraucht. Unter jedem Panzer saßen sechs Silberfischsoldaten. Ihr Befehl war: sich im Schlafzimmer rund um das Bett verteilen und abwarten, bis Kasperski aufwachte. Dann auf ihn zumarschieren.

Die Soldaten kapierten nicht, um was es ging, aber sie hatten sich alle freiwillig gemeldet. Sie wussten, dass es eine Selbstmordmission war, aber sie taten es, um ihr Vaterland zu retten. Das zumindest glaubten sie.

Wenn der Plan aufging, würden sie Kasperski dazu bringen, einen Kammerjäger zu bestellen, der alle umbringen würde. Alle außer die vier Eingeweihten und die 101 Auserwählten.

Eine Liste der 101 wichtigsten Silberfischchen war erstellt worden, die meisten hießen Möller, Bademeister, Schulz, dazu ihr Personal. Und die zwölf fähigsten Bertel Boys.

Zusammen würde man sich unter dem Fußboden in die alten Insektizidbunker verkriechen, bis der Kammerjäger seine tödliche Arbeit verrichtet hatte.

Dann würde ein neues Zeitalter beginnen. Die wenigen Ressourcen reichten nicht für mehr als 200, und eine Ausdünnung würde dem Silberfischvolk auch guttun, gerade die ganzen Bibliothekare und die dekadenten Studenten waren entbehrlich.

Möller gab seinen drei Mitverschwörern einen Wink. Zeit zu verschwinden.

19. Juli:
»Kakerlaken«, sagte Murat besorgt.

Tom hielt die Panzer in der Hand. Sie waren teilweise zerbröselt. Aber sie waren real.

Sie waren überall um sein Bett gewesen. Er hatte fast alle getötet. Danach hatte er sich übergeben.

»Da muss was unternommen werden«, sagte Murat. »Ich kann mir in diesem Haus keine Kakerlaken leisten.«

Tom nickte.

»Ich kenn da jemanden«, sagte Murat, »eine Expertin, sie hat schon für meinen Onkel gearbeitet.«

»Aber keine Chemie«, sagte Tom.

»Alles rein biologisch«, sagte Murat. »Und nachhaltig. Frau Karamasowa ist eine sibirische Kräuterfrau. Sie kennt Pflanzen, die Kakerlaken vertreiben ... Geht dein Zug nicht bald?«

»Stimmt«, sagte Tom. »Ich muss mich auf den Weg machen.«

Er fuhr in die Eifel, ins Landhaus seiner Eltern, um Klausuren zu korrigieren und ein wenig zur Ruhe zu kommen. Außerdem wollte er gar nicht so genau wissen, wie die sibirische Kräuterfrau es anstellte, das Haus kakerlakenfrei zu bekommen. Hauptsache, es klappte.

20. Juli:

Die sibirische Kräuterfrau war in Wirklichkeit ein kasachischer Ex-Söldner, der in Tschetschenien gekämpft hatte. Er war Türsteher im Laden, in dem Murat letztes Jahr gekellnert hatte. Dass er das Kakerlakenproblem seines Onkels gelöst hatte, stimmte aber.

Wenn auch nicht auf sehr biologische Art.

Drei Tage durfte niemand das Haus betreten, während das Gas seine Arbeit tat. Kakerlaken waren schwer loszuwerden, die giftigen Dämpfe mussten überall hindringen, zwischen die Fußböden, in jede noch so kleine Ritze. Vom Dachboden bis zum Keller. Wenn die Arbeit getan war, würde nichts mehr im Haus leben.

\*\*\*

Sieben Tage und sieben Nächte hatte Julia Blaumann draußen ausgeharrt. Nachdem sie den letzten Brief von Fritz gelesen hatte, war ihr klar, dass die Wohnung nicht mehr sicher war. Sie wollte überleben. Sie war schwanger, und sie wollte nicht von Ohrwürmern abgeschlachtet oder von einem Kammerjäger vergast werden. Darum hatte sie das Undenkbare getan, sie war nach draußen geflüchtet. Und dann hatte sie den Typen gesehen, mit der Gasflasche. Kammerjäger, alright. Das hatten die Idioten nun von ihrem Krieg. Sie war die Hauswand hinuntergeflüchtet, über den Bürgersteig und hinter die Rinde eines Baumes. Dort hatte sie ausgeharrt, zum Glück war Sommer.

Nun war eine Woche vergangen, Kasperski war heute zurückgekehrt. Sie hatte sich entschlossen nachzusehen, ob jemand überlebt hatte, bevor sie für immer von hier wegging, eine neue Heimat für sich und ihre ungeborenen Kinder suchen. Sie wollte zur Stadtbibliothek, das war gar nicht so weit weg. Nur zwei Busstationen. Sie hatte nicht umsonst den Stadtplan memoriert, den Kasperski im Wohnzimmer liegen hatte. Aber sie musste noch ein letztes Mal in die Wohnung. Das war sie Fritz und ihren alten Freunden schuldig.

Sie wuselte über den Bürgersteig und die Hausmauer hoch, erkletterte das Fensterbrett.

Endlich zu Hause. Tom Kasperski machte die Runde in der Wohnung. Nirgends war eine Kakerlake zu sehen oder ein Silberfisch. Nicht mal eine Stubenfliege. Nur der Hauch eines Geruches, es erinnerte ihn an Mandeln. Er ging ins Wohnzimmer und machte das Fenster weit auf.

Über das Fensterbrett bewegte sich etwas: ... ein ... Silberfisch.

Tom begann zu keuchen, er fühlte, wie ein Panikanfall nahte. Er griff in seine Tasche, zog die frisch erworbene Übersetzung des Tao-Te-King ins Eifeler Platt heraus (damit war seine Sammlung von Dialektübersetzungen des Lao Tse auf fünfzehn angewachsen) und erschlug das Tier damit.

# DER IMPFSCHAMANE

Im Berliner Kollwitzkiez, zwischen »Heidis Hexenlädchen« und »Antonio Rivas magische Öle«, befand sich bis vor Kurzem die Praxis des Kinderarztes Dr. Thomas Sander.

Jetzt aber steht »Johannes Abraxas Indigo, Dipl.-Schamane« auf dem Türschild.

Dass es sich bei Dr. Sander und Johannes Abraxas Indigo um ein und dieselbe Person handelt, wissen nur die wenigsten. Von den Patienten weiß es niemand. Denn Indigos Patienten sind ohne Ausnahme Impfgegner. Viele glauben zudem an Chemtrails, Reptiloiden oder dass die Erde eine Scheibe ist.

Im Gespräch bezeichnet sich Indigo scherzhaft als Impfschamane, aber in der Praxis ist das I-Wort natürlich tabu.

»Wir haben diesen Menschen das Impfen, und Medizin im Allgemeinen, sehr schlecht verkauft«, meint Indigo. »Viel zu verkopft und wissenschaftlich. Leute, die an Wotan, Werwolf und Wahrsagerei glauben, können mit rationalen Erklärungen und logischen Gedankengängen nichts anfangen. Aber man muss sie trotzdem schützen, nicht wahr?«

Ich nicke: »Vor allem vor sich selbst.«

»Und da hab ich mir gedacht«, fährt Indigo fort, »man muss diesen Menschen das Impfen einfach auf andere Weise nahebringen. Mit einem Hauch Mystik und Magie. Und so wurde ich zum Impfschamanen.«

Eine Mutter mit ihrem etwa sechsjährigen Sohn betritt Indigos Praxis, und ich werde Zeuge des Schlucki-Schlucko-Rituals, das den bösen Geist Polio-Polio bannen soll, der kleine Kinder lähmt.

»Schlucki-Schlucko ist der polynesische Gott der Gesundheit«, erklärt die Mutter ihrem Sohn mit ehrfürchtiger Stimme, während Indigo mit blauer Kreide kleine Sternchen und Dreiecke auf die Stirn des Jungen zeichnet, wobei er »Tally-Man, Tally-Man, Tally-me-Banana« vor sich hin summt.

Nun trinkt der Junge die Schlucki-Schlucko-Essenz aus einem kleinen Terrakottanapf, der mit esoterischen Symbolen verziert ist. Die Schlucki-Schlucko-Essenz, erklärt Indigo der gebannt lauschenden Mutter, sei eine Mischung aus dem Saft der Pan-Tau-Wurzel und dem Öl der Takatuka-Nuss, von einem Hohepriester des Tröpfchenkultes auf der Osterinsel während einer Vollmondnacht mit magischer Heilkraft aufgeladen.

»Ihr Sohn muss den blauen Kristallhut die nächsten drei Tage auf dem Kopf tragen«, sagt Indigo beim Abschied zur Mutter, »damit der hinterlistige Polio-Polio sich nicht durch die Chakren Zutritt verschafft.«


»Also *wir* waschen unser Obst und Gemüse nie«, erklärt ein gespenstisch dürrer junger Mann mit einer Waschbärmütze auf dem Kopf. »Alles kommt naturbelassen auf den Tisch, mit der Urkraft von Mutter Gaia.«

Das blasse kleine Mädchen, das er dabeihat, leidet an chronischem Durchfall, welchen der Vater nach eingehender Recherche in einschlägigen Internetforen als parasitäre Lebensform vom Planeten Xul identifiziert hat.

Indigo bestätigt diese Diagnose: »Der außerirdische Parasit wird mit dem Essen aufgenommen. Sie müssen die Nahrung vor dem Verzehr einem magischen Reinigungsritual mit frischem Leitungswasser unterziehen.«

Nun steht noch eine Masernimpfung an, im Impfschamanen-jargon als »Biss des Regenbogendrachen« bezeichnet. »Es piekst nur ganz ein bisschen«, sagt Indigo zu dem einjährigen Jungen und versteckt die Spritze in einem bunt bemalten Drachenkopf aus Porzellan, den er behutsam dem Arm des Jungen nähert, der auf dem Schoß seiner Mutter sitzt.

»Du musst dich von dem netten Drachen beißen lassen«, sagt diese zu dem Kind. »Oder willst du etwa, dass der rote Tüpfelteufel über dich kommt? Daran kann man sterben.«

»So, fertig«, sagt Indigo und hängt den Drachenkopf zu den anderen Impfutensilien, die da wären: der Adler, der die Würgschlange vertilgt (Mumps), der Stich des Einhornhorns (Röteln), der Zauberschild des Skarabäus (Tetanus), der Kuss des Traumdelfins (Keuchusten).

»Das sieht alles ganz schön teuer aus«, meine ich mit einem Blick auf die bunt bemalten Tierköpfe aus Jade, Porzellan, Kupfer und anderen Metallen.

»Zahlt alles die Regierung«, erklärt Indigo. »Ich bin Teil eines Pilotprojektes. Bisherige Kampagnen staatlicher Instanzen haben keinen Erfolg gebracht, da sie ausschließlich an die Vernunft appellierten. Ich dagegen biete was für Herz und Bauch.«

Und es funktioniert. Die kleinen Patienten stehen Schlange, die Praxis läuft besser als jemals zuvor.

Ob er denn nicht befürchtet, dass der Trick auffliegen wird, wenn dieser Text erscheint, frage ich den Impfschamanen beim Abschied.

Der lacht nur kurz auf: »Wer glaubt schon der Lügenpresse? Was Sie hier machen, ist eine ganz üble Kampagne gegen meine Person, gesteuert von der Pharmaindustrie, der WHO und den Illuminaten.«

# DER BOCK VOM FELSEN

Ein blonder Vollmond hängt über dem Tal der Alzette, groß und rund wie ein Ball. Die Brücken und Dächer der Unterstadt baden in dem buttergelben Licht, das die hellen Stellen noch heller, die Schatten und Ecken noch schwärzer und kantiger erscheinen lässt. Es ist Sonntagabend, eine Stunde vor Mitternacht. Alles erscheint so unwirklich da unten, wie aus der Zeit gefallen. Ich kann die Kutschen und Karren fast vor mir sehen, wie sie Straßen und Brücken verstopften, damals, als die Abtei Neumünster noch keine kulturelle Institution war, ein »Ort der Begegnung«, wie es heute in den Prospekten für Touristen heißt, sondern eine wirkliche Abtei, in der echte Benediktiner herumspazierten. Es ist leicht, die Fantasie in die Vergangenheit schweifen zu lassen, so menschenleer, wie es da unten aussieht. Luxemburg-Stadt ist ganz unter sich: keine Autos, keine Busse, keine Leute, keine Auspuffgase. Damals hat es sicher ebenfalls gestunken, aber nach der Gerberei oder den Abfällen und Abwässern, die in der Alzette entsorgt oder einfach in die Gassen gekippt wurden. Mittelalter halt. Die waren auch nicht nachhaltiger als wir.

Ich stehe auf der alten Festungsmauer, dort, wo der Wenzelpfad auf die Terrasse der hippen Kultkneipe trifft. Die Kultkneipe hat eigentlich gar keine Terrasse, aber wegen Corona darf sie ausnahmsweise hier den Betrieb aufrechterhalten. Es hat sich herumgesprochen: die beste Aussicht der ganzen Stadt. Wenn geöffnet ist, steht das Volk Schlange, um einen Tisch zu ergattern. Jetzt ist geschlossen, wie fast überall, ist ja Sonntag.

Was ansonsten ein Grund wäre, zu Hause zu bleiben, kommt mir heute Abend ganz gelegen. Ich bin nämlich nicht zu meinem Amüsement hier, oder wegen der schönen Aussicht, sondern zwecks Inspiration. Ich soll einen Text schreiben über meine Geburtsstadt Luxemburg. Obwohl ich bereits kurz nach meiner Geburt von hier weggezogen bin aufs Land, denn die Immobilienpreise in der Stadt können sich nur Ölmultis, Mafiosi und andere russische Milliardäre leisten.

Stadt Luxemburg ist ein weites Feld. Ein wahres Schlachtfeld, zumindest wenn man sich näher mit der Geschichte der Festung Luxemburg befasst. Vorhin bin ich dem Wenzelpfad ein Stück gefolgt, die ehemaligen Wehrmauern entlang. Wenn keine Spaziergänger und Touristen da sind, fangen die alten Gemäuer vielleicht an, von früher zu erzählen, dachte ich mir. Aber da hatte ich meine übersinnlichen Fähigkeiten offenbar überschätzt, das Lied, das in allen Dingen schläft, ist nicht für mich erwacht. Kein Stein hat mit mir geredet, und begegnet bin ich nur ein paar einsamen Gassigängern.

Ich lehne mich gegen das Geländer, zünde eine Zigarette an und nippe an der zweiten von drei Dosen Bier, die ich mir als Wenzelwegzehrung mitgebracht habe. Plötzlich nehme ich eine Bewegung wahr, am Abhang, einige Meter unter mir. Eine Gestalt, nicht größer als ein zwölfjähriges Kind, kraxelt dort im Schatten zwischen dem Gebüsch umher. Nun klettert das Wesen höher, und ich kann es deutlich im Mondlicht erkennen. Ein Paar stattliche Bockshörner schmücken seinen zotteligen Kopf. Es ist kein Mensch, sondern eine Ziege. Eine Ziege mit einem Pappbecher zwischen den Zähnen. Sie springt auf einen Felsvorsprung und von dort mit einem gewaltigen Satz über das Geländer und mir vor die Füße.

Für eine Ziege ist das Wesen ziemlich groß, vielleicht ist es ja ein Steinbock. Das Fell ist sandsteinfarben, mit schiefergrauen Flecken durchsetzt. Nun erhebt der Bock sich auf die Hinterläufe und lehnt sich neben mir gegen das Geländer. Schmatzend zerkaut er den Pappbecher und leckt sich die Lippen.

Dann deutet er auf meine Bierdose: »Kann ich die haben? Wenn sie leer ist?«

»Klar«, sage ich. »Wozu brauchst du sie denn?«

Unterhalte ich mich gerade mit einem sprechenden Ziegenbock?

»Na, zum Essen. Blech ist gut für die Zähne. Und es enthält viel Eisen.« Er bleckt ein verwittertes biergelbes Gebiss.

Er sieht ein wenig aus wie das Teufelchen auf dem Cover der ersten Slayer-LP, nur harmloser. Außerdem ist er unbewaffnet. Um meine Seele brauche ich mir wohl kaum Sorgen zu machen, eher um meinen Verstand.

»Ich bin übrigens Rocky«, sagt er. »Der Bock vom Felsen.«

Ich nenne ihm meinen Namen, aber er scheint ihm nichts zu sagen. Da sieht man mal wieder, wie wenig die Luxemburger Bevölkerung ihre Kulturschaffenden kennt.

»Ich bin übrigens ein berühmter Autor«, sage ich zu ihm.

»Ich kenne keine Barden. Graf Siegfried hielt nicht viel von Gaukelei und Possenspiel. Alles, was ihn interessierte, war Geld.«

»*Der* Graf Siegfried?«

»Hast du ihn gekannt? Ein Ardenner Unternehmer. Hat hier seinen Firmensitz gebaut. Auf *meinem* Felsen.«

»Unser Stadtgründer, klar kenne ich den. Also nicht persönlich, meine ich ...«

»Ach was, Gründer. Auf dem Bockfelsen haben doch schon ewig Leute gewohnt, dort an der Kreuzung der beiden Römerstraßen.« Er deutet mit dem linken Vorderhuf in Richtung Fischmarkt.

»Und Weimerskirch da unten ist noch viel älter. Als ich ein junger Spund war, haben Neandertaler da gehaust. Nette Leute, aber leicht weltfremd. Die Weimerskircher Neandertaler wurden irgendwann von den Pfaffenthalern verdrängt, diese wurden in der Eisenzeit durch die Dommeldinger Zivilisation verdrängt, die wiederum von der Clausen-Mansfeld-Kultur assimiliert wurde. Die Clausen-Mansfeld-Menschen haben übrigens die Kunst des Bierbrauens nach Luxemburg gebracht.«

Ich mache mir im Geist Notizen. Selbst wenn ich mir diesen Bock nur einbilden sollte, er hat etwas zu erzählen.

»Ich bin nicht eingebildet.« Der Bock versetzt mir einen harten Tritt gegen das Schienbein.

Ich reibe die schmerzende Stelle. Habe ich eben laut gedacht, oder kann er etwa Gedanken lesen?

»Ich kann nicht lesen«, sagt er. »Aber ich weiß viel. Die Geschichte mit Melusina zum Beispiel war nur ein Trick. Um den Leuten aus der Unterstadt Angst zu machen.«

»Wieso Angst?«

»Na, weil sie dem Siegfried immer die Fische aus der Alzette weggefischt haben. Deshalb hat er rumerzählt, dass da eine mythologische Figur haust, die man nicht ärgern darf. Danach hat sich lange keiner mehr getraut, in der Alzette zu fischen, und der Graf hatte den ganzen Ertrag für sich.«

»Schlauer Kerl«, sage ich.

»Eigentlich war es ja eine Idee vom Junker. Der war das Gehirn hinter Graf Siegfried.«

»Juncker!?«

»Na, Johann-Claus, der Junker des Grafen. Er hat auch den Deal mit der Trierer Maklerfirma eingefädelt.«

»Der Tausch Bockfelsen gegen irgendwelche Ländereien in der Gegend von Feulen? Ich dachte, das sei der Trierer Abt gewesen.«

»›Abt‹ ist Althochluxemburgisch für ›Makler‹. Weißt du denn gar nichts?«, sagt der Bock ungeduldig. »Na, jedenfalls war es der Junker, der Siegfried darauf gebracht hat, den Trierern etwas von blühenden Landschaften bei Feulen vorzugaukeln. Dabei war Feulen damals nichts als ein Sumpf. Daher auch der Name, wegen der Fäulnis.«

»Der Bockfelsen hier ist auch nicht gerade fruchtbares Ackerland«, werfe ich ein.

»Du hast echt keine Ahnung vom Business. Damals war die Festung Lucilinburhuc ein Verkehrsknotenpunkt, es gab Raststätten, Gaststätten, Reisende, Händler ... Täglich zogen Hunderte von Leuten durch ...«

»Also ein bisschen wie das mittelalterliche Gegenstück zur Aire de Berchem«, sage ich.

»Aire de was?«

Alles weiß er also doch nicht, denke ich mir: »Die Aire de Berchem ist eine Autobahnraststätte an der A3 im Süden des Landes«, erkläre ich ihm. »Die umsatzstärkste Tankstelle Europas, anderthalb Millionen Kunden passieren sie pro Jahr, über eine Million Pkws und Zehntausende Lkws ... Total super ...«

»Ah, okay, das hab ich gar nicht mitgekriegt. Ich komme ja nie über das Stadtgebiet hinaus, wegen dem uralten Bannfluch.«

»Welcher Bannfluch denn?«

»Schon mal was von den Templerverfolgungen gehört? Baphomet?«

»Ja, klar, ich bin Metalhead.«

»Baphomet war mein Großonkel, er wurde im 15. Jahrhundert während der Templerverfolgungen von Inquisitoren ermordet. Und ich bin schuld, sagen sie.« Er rülpst traurig.

»Wer sagt das?«

»Das Familienkonzil: Oma Lillith, Opa Samael, Cousin Azrael, Tante Lamia ...«

»Und wieso sollst du schuld sein?«

»Onkel Baphomet war auf der Flucht und wollte sich bei mir verstecken, in den Höhlen des Bockfelsens.«

»Und du wolltest nicht?«

»Nun, er hatte kein Gold dabei, um zu bezahlen. Und wo der Schatz der Templer versteckt ist, wollte er mir auch nicht verraten. Da hab ich ihn weggeschickt. Kurze Zeit später wurde er verhaftet, und die Pfaffen haben ihn verbrannt. Nun ist er in der Hölle und kocht immer noch vor Wut.«

»So ist das nunmal in Luxemburg«, sage ich. »Wer kein Geld hat, hat hier nix verloren.«

»Das hat das Familienkonzil auch gesagt. Also, dass ich mich wie ein typischer Luxemburger verhalten habe. Und deshalb bin ich für 6.666 Jahre hier eingesperrt und darf nicht über die Stadtgrenze hinaus.«

»Sonst passiert was?«

»Das willst du nicht wissen, Sterblicher.«

Selber Sterblicher, denke ich.

Der Bock brütet vor sich hin.

»Wieso erzählst du mir das eigentlich alles?«, frage ich.

»Wem sonst? Du bist der Erste seit Hunderten von Jahren, der nicht schreiend wegläuft, wenn ich anfange zu sprechen.«

»Ich glaube halt, was ich sehe.«

»Außerdem ...«

»Außerdem ...?«

»Ich kenne dich doch, also deine Stimme hab ich wiedererkannt. Du machst doch dieses Dingens, diese Lesebühne in der *Räubertaverne*?«

»Im *Café Rocas*. Ecke Bäderplatz und Kapuzinergasse. Vorher *Café Villon* und vorher ...«

»*Räubertaverne*. Da gibt es seit 2.500 Jahren eine Kneipe.«

»Und du warst mal bei unserer Lesebühne? Das hätte ich aber gemerkt.«

»Eine meiner Wohnhöhlen liegt da unter dem Bierkeller. Wenn Veranstaltungen in der Kneipe sind, hör ich manchmal mit, hilft gegen Langeweile. Deinen Planet-Luxemburg-Text find ich ganz lustig. Allerdings könntest du dir so langsam mal was Neues einfallen lassen.«

»Mach ich«, sage ich. »Ich könnte deine Geschichte ja aufschreiben, wenn du nichts dagegen hast.«

»Solang du es als Fiktion verkaufst, von mir aus. Die Sängerin, die ihr dabeihabt, ist übrigens großartig.«

»Claudine?«

»Ehrlich gesagt hör ich euch nur wegen ihr zu. Was für eine Stimme!«

»Ich werd's ihr ausrichten«, sage ich.

Ich gebe ihm eine Maryland-Zigarette und schaue zu, wie er sie zerkaut.

»Dann wirst du wohl noch eine Weile hier in der Stadt dein Unwesen treiben«, sage ich.

»Sterbenslangweilig. Gelegentlich breche ich sogar Geldautomaten auf und fresse den Inhalt. In den guten alten Zeiten war's besser. Der Junker fiel übrigens irgendwann in Ungnade, weil er heimlich in der Alzette gefischt hatte, und Siegfried ließ ihn köpfen. Danach ging's bergab mit den Luxemburgern.«

Der Bock starrt gedankenverloren auf die Unterstadt hinunter.

»Sag mal, wie alt bist du eigentlich?«, frage ich ihn.

»Nach dem Neolithikum hab ich aufgehört mit Zählen.«

»So alt wird doch kein Mensch.«

»Ich bin ja auch kein Mensch«, sagt er pikiert. »Ich bin ein Felsbock. Ein naher Verwandter des Steinbocks.«

»Im Prinzip könntest du dich als Wappentier Luxemburgs bewerben. Du bist länger hier als diese Nassauer ...«

»Bloß das nicht. Wenn ich das wollte, hätte ich doch längst diesen lächerlichen Plüschlöwen vom Thron gestoßen.«

»Ich weiß auch nicht, ob du in diese ulkige Nation-Branding-Kampagne passen würdest, die unsere Regierung seit einigen Jahren veranstaltet.«

»Brandmarken, nein, darauf hab ich keinen Bock. Ich bin ein freies Tier.«

»Branding. Die Marke Luxemburg im Ausland besser darstellen.«

»Luxemburg als Firma, klar, war ja nie etwas anderes.«

»*Ein mit positiven Werten besetztes Bild von Luxemburg soll definiert werden und von unterschiedlichen Akteuren und in offiziellen, von der Regierung mit den notwendigen Mitteln ausgestatteten Medienkampagnen verwendet werden*«, zitiere ich meine Regierung. »Der Koordinierungsausschuss *Inspiring Luxemburg* organisiert das Ganze, zum Beispiel einen großen *Creathon* mit Kulturschaffenden.«

Der Bock kichert. »Und da machst du mit?«

»Im Leben nicht«, sage ich. »Außerdem hat mich keiner eingeladen, da mitzumachen. Schau mal hier, das Logo.« Ich zücke mein Handy und zeige es ihm. »Ist es nicht schön? Wie ein rot-weiß-blaues Hakenkreuz, nur ohne Haken.«

Der Bock lacht.

»Lass mich mal schön aus dieser Branding-Sache raus.«

»Aber schreiben darf ich über dich?«

»Klar, aber sag denen einfach, du hättest mich erfunden. Übrigens, dein letzter Zug geht in zehn Minuten.«

»Na dann«, sage ich.

»Na dann«, sagt der Bock, und mit einem Sprung ist er über das Geländer, verdunkelt kurz den Vollmond und landet platschend unten in der Alzette.

Von Weitem höre ich ihn meckernd lachen, während ich zum Bahnhof eile.